# 不思議がいっぱい韓国

中野葉子
Yoko Nakano

彩流社

◎もくじ◎

## 第4章　楽しむ　125



## 第5章　書く・話す　189



## 第6章　つなぐ　229

# 第1章 味わう

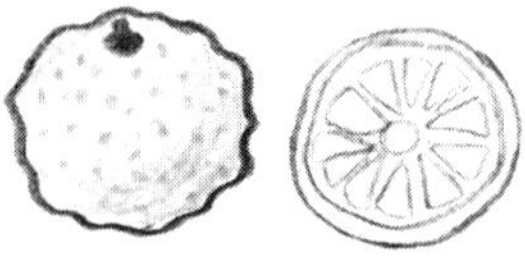

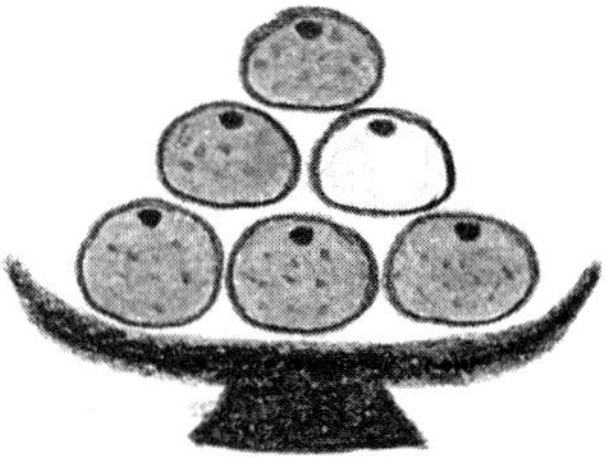

## 共通する食材　似て非なる食材

### ◆ごはんの力◆

韓国生活も、2年半が過ぎました。

最初のころは喜んで食べていた韓国料理もさすがに飽きてきて……和食中心の生活がなつかしい今日この頃です。

それでも、食の面でそんなにつらさを感じないで暮らせるのは、韓国のお米のおかげ。お米が主食の国は日韓だけではないし、小麦が主食の国でも、お米は手に入ります。が、自分の口に合うお米が入手できるというのは、本当に助かります。白米だけでなく、玄米、黒米なども豊富ですし。

「韓国より日本のお米のほうがずっとおいしい」という声を、時々留学生から聞きますが、おそらく、ごはんのまずい食堂は、安い外国産米や古い米を使っているからでしょう。私もたまに、おかずはまあまあだけど、ごはんがめちゃくちゃまずい食堂に入ってしまうことがあります。

日本でもそうですが、おいしいごはんを食べる楽しみは、家で炊くときですね。特に好んで買うのは、江原道《カンウォンド》・鉄原《チョロン》のお米です。鉄原は、朝鮮戦争の激戦地。

以前は行くのが不便だったようですが、今は鉄道で、ＤＭＺ（非武装地帯）近くまで行けます。

ごはんと言えば、韓国の代表的作家・朴婉緒《パクワンソ》（1931～2011年）の遺稿散文集『세상에 예쁜 것』（セーサンエイェップンゴッ　この世で美しいもの）に、印象深い記述があります。……「十匙一飯《シプシイルバン》」という言葉は、米文化だからこその言葉だ。

ごはんほど伸縮性のある主食はない。よそい方によって、十人分のごはんを十一人分にすることもできる。二人分を三人分に増やすこともできる。五人分のごはんを炊くお米でお粥を炊けば、十五人分にすることもでき、十五人分のお粥に水を足せば、二十人分のお粥にもなる。パンは、そうはいかない。

これが、米文化とパン文化の違いだろう。植民地時代、朝鮮戦争……食糧難のときも、何とか飢え死にせず生き残れたのは、小さな共同体で助け合った、米文化のおかげだと思う。……と、ざっとこんな内容だったのですが、思わずうなずいてしまいました。考えたら当たり前のことですが、当たり前すぎて意識することすらありませんでした。当たり前だけど凡人は気づかない、だけどよく考えたらとても大事なこと――それが書ける作家の筆の力って、すごいですね。

「十匙一飯」は、十人がご飯を一匙ずつ出せば一人分のご飯の量になることから、多くの人が力を合わせれば一人の人を救うのも容易だ、ということを表します。少しずつお金を出し合って協力するときなどにも、使われます。

朴婉緒の言うとおり、米文化ならではの表現ですね。

2013年10月6日

## ◆韓国のおいしい春野菜「냉이（ネンイ）」（なずな）◆

市場に春野菜が出回ると、韓国にも春が来たなあと感じます。

私が好きな韓国の春野菜のひとつ、「냉이《ネンイ》」。日本にはないかなあ、と思って調べてみると、春の七草のひとつ、なずなのことでした。日本では、七草粥を食べるころしか、売ってないでしょうか。

『약이《ヤギ》 되는《トゥエヌン》 좋은《チョウン》 먹거리《モッコリ》』（薬になる　よい食べ物）という本でネンイについて調べたところ、他の葉物野菜と比べ、タンパク質が多く、カルシウム、鉄分豊富なアルカリ性食品、加熱しても、栄養分がこわれにくい、ビタミン豊富、などと出ていました。ビタミンは、冬眠状態の冬の体から活動的な春の体に変化するとき、たくさん必要だそう。旬の食べ物が体にいい、というのは、理にかなっているんですね（冬眠って、クマじゃないんだけど……でも、季節で体は変化するのですね）。

薬効としては、腹痛や下痢を治す、血圧を下げる、止血作用、目の充血や疲労に効く、などと出ていました。

私は、ネンイのジョン（チヂミ）が好きです。適度な歯ごたえ、少しの苦味と、香ばしさ。韓国人の友人たちは、味噌汁に入れるとおいしい、と言っていました。私も試してみましたが、これもなかなかいけます。泥がたくさんついていて下処理にちょっと時間がかかりますが、この時期だけの楽しみとなると、つい買ってしまいます。見た目は、その辺で抜いてきた雑草ですが……。

春に韓国へ来たら、ぜひ市場やスーパーの生鮮食品売り場をのぞいてみてください。日本で売られている春野菜と比べてみるのも、面白いですよ。

２０１３年４月10日

◆韓国　野菜あれこれ◆

「토란《トラン》」。漢字で書くと、「土卵」。

これ、何だと思いますか？　卵の種類じゃありませんよ。実は、野菜の名前なんです。

答えは、里芋。日本では年中手に入り、珍しい野菜ではありませんが、ソウルに来てから、手に入りづらくなってしまいました。里芋以外にも、オクラ、ゴーヤ、水菜、小松菜、エゴマじゃなく日本のシソ……全く入手不可能なわけではないらしいのですが、そのために遠くまでもなかなか行けません。

知人の話によると、年中里芋を売っている店も韓国にはあるそうですが、私がいつも行く農協スーパーでは、秋夕《チュソク》（中秋節）の時期だけ里芋が売られます。この間スーパーに行ったときはまだなかったけれど、今日はどうかな、とのぞいてみたら、ありました！　しかも、昨秋はキロ単位でしか売ってなくて、毎日里芋を食べ続けたのですが、今年は５００ｇ以内で販売。家ではほとんど一人で食べ

ているので、少量だと助かります。

韓国の里芋を使った料理が、「名節《ミョンジョル》」用の料理本に出ていました。「名節」は、秋夕や旧正月のように、伝統的な祝日のこと。日本の「芋煮」のような料理でした。もしかして、芋煮のルーツ!?

そういえば日本でも、旧暦8月15日の中秋の名月を、「芋名月」といいますね。私は見たことがないのですが、ゆでた里芋を月に供えるそう。子孫繁栄や豊作祈願と関係がある里芋。

これは、日韓の共通項のひとつかもしれませんね。

「土卵」以外にも韓国の野菜をはじめとした生鮮食品で、ネーミングの面白いものがあります。「파《パ》」はネギですが、前に「양《ヤン》（洋）」をつけると、양파《ヤンパ》で玉ねぎ。「배추《ペチュ》＝白菜」に「洋」をつけると、「양배추《ヤンペチュ》」でキャベツ。

これは中国語も同じで、ネギは「(大《ター》)葱《ツォン》」で、玉ねぎは「洋葱《ヤンツォン》」。白菜は、日本語と中国語で表記は一緒ですが、キャベツは中国語で「洋白菜《ヤンバイツァイ》」です。もうひとつついでに、「洋」のつくもの。韓国語でマッシュルームは、「송이《ソンイ》」。これに「洋」をつけたら、どんなキノコになるでしょう?

答えは、マッシュルームです。私は最初、エリンギだと思っていました。韓国では、生のマッシュルームが手に入りやすいのが、うれしいです。生マッシュルーム同様、日本より手に入りやすいのは、セリと栗。梨も、一年中売っています。日本に住んでいる韓国人にとっては、こういった食材が手に入りにくいのは、ちょっと不便かもしれませんね。

２０１３年9月15日

## ◆不老不死の実　ゴーヤ◆

日本では、夏になると毎日のように食べていたゴーヤ。ソウルでは手に入りにくく、なかなか食べられないので、とてもなつかしい食べ物のひとつです。どこかには売っているらしいのですが、自分が買い物に行くエリアにはなく、一時帰国すると沖縄料理店を探して食べています。

ゴーヤといえば、韓国紙の広告に、「もしかして、これゴーヤ？」という写真が出ることがあるので、ずっと気になっていました。広告に写る、ゴーヤらしき緑の実。ただ、「여주《ヨジュ》」という名前がついているし、いかにも健康食品か薬のような広告なので、別もの、と思っていました。私にとっては、ゴーヤは健康にいい野菜ではあるけれど、健康食品というよりは、おいしい料理の食材。でも最近、うちで取っている韓国紙5紙のほとんどに頻繁に登場するので、気になって調べてみました。

やはり、ゴーヤでした！　韓国紙の新聞広告には、「不老不死の実」そして、糖尿病改善、高血圧改善、ガン予防、ダイエット効果、心臓機能強化などなど、まるでゴーヤを食べれば万病が治るみたいに書かれています。特に、糖尿病への効果の大きさを、広告では大々的に宣伝しています。韓国では、糖尿病患者が増えているようです。

韓国のネットでも、「여주《ヨジュ》」で検索してみたところ、ゴーヤサプリ、ドライゴーヤ、ゴーヤ原液、ゴーヤ津液（エキス）……まるで「薬」ですね！　ゴーヤサラダ、ゴーヤ生ジュースなど調理法も出て

きました。でも、薬や健康食品としてのイメージのほうが、ずっと強い感じです。韓国人は、苦いものは苦手なようなので、おかずとしては食べにくいかもしれませんね。日本人がにんにくをたくさんは食べられず、サプリで摂取するのと同じような感じなんでしょうかね？

私はゴーヤの苦味が大好きなので、苦味を全く抜かずに調理します。苦くないと、物足りなくて。今度韓国でも探してみます。生のはムリでも、乾燥したのを売っていないか……さすがに、サプリはイヤですが。ゴーヤチャンプルーで！

２０１３年10月22日

＊おまけ①

後日、駐在員の奥さんたちの情報で、梨泰院《イテウォン》の外国の食材を売っているスーパーにゴーヤがあると聞き、連れて行ってもらいました。ありました！　でも、１個４００円近く。しかも、あんまり大きくない。そんなに新鮮そうでもないし……でも食べたくて、買いました。ちょっとだけ、ゴーヤチャンプルーを楽しみました。

韓国のウェブサイトでゴーヤについて調べると、出てくるのはサプリとしてのゴーヤばかり。あるいは、スライスして乾燥させたものですね。一度売っているところを見てみたいな、とずっと思っていたのですが、先日それが実現！　場所は、江華島《カンファド》の在来市場でした。さて、何の売場にあったと思いますか？

「韓薬《ハニャク》」のコーナーでした。「これ、韓薬ですか？」と聞いたら、「そうだ」と。煎じてお茶として飲むのだそうです。日本では料理の食材なんだけど、と言ったら、お店のおばさんも知っているようで、笑っていました。
ゴーヤだけでなく、蓮根やごぼうをスライスして乾燥させたものも。やはり煎じて飲むのだそうです。蓮根もごぼうも、たしかに韓国のスーパーでも野菜の形で売っています。が、普通におかずとして食堂で出てきたのを、あまり見たことがありません。どうも食材というより、薬という感覚なのかなあ、と感じていました。それを今回、市場で実感しました。

２０１４年２月10日

＊おまけ②
完全帰国後、久しぶりにソウルへ行ったとき、ソウル駐在員やその家族と会ったのですが、最近は普通のスーパーでもゴーヤを見かけるようになったとのこと。私が住んでいたときには、普通には見かけなかったオクラも、売られているそうです。まだ一般的ではないようで、オクラを見て「これ、唐辛子？」と思う人もいるようですが。体にいいということが知られ、普及してきたのでしょうか。
また、帰国して驚いたのは、日本のスーパーやデパートにも、ごぼう茶やゴーヤ茶が売られていること。これも、健康食品として、何かをきっかけに広まったのでしょうか。日韓とも、体にいい食べ物への関心が高いですね。

２０１４年11月９日

## ◆韓国　栗の話◆

韓国では、一年中栗を売っています。先日も、農協スーパーでむき栗を売っていました。日本では、もう売ってないですよね～。日本で今売られているのは、栗の甘露煮？

日本に住んでいたときは、栗ごはんは年に一度か二度の楽しみでした。栗が出回る短い時期、忙しくて買いそこね、食べられなかった年も。韓国に引っ越してから、いつでも栗ごはんが作れるというのが、楽しみのひとつになりました。あ、でも、一番おいしいのはやはり秋です。

食文化に興味があるので、栗についてちょっと調べてみました。資料をもとに、紹介します。昔は、栗を地中に埋め貯蔵しました。理由のひとつは、祖先を祀る祭祀《チェサ》に欠かせないものだから。もうひとつは、栗はでんぷんが豊富で、飢えをしのぐ重要な食糧だったからです。高麗時代、宋の使臣が朝鮮半島に来て、夏にも栗があるのに驚き、どうやって保管しているのか尋ねたところ、「陶器に入れ、土に埋めておけば、一年中食べられる」という答えが返ってきた、と記録に残っているそうです。

栗が一年中あるのは、昔からのことだったのですね。なぜいつも栗が売られているのか不思議で、韓国人にその理由を尋ねたことがあります。彼女は、祭祀に必要だからじゃないか、と言っていま

した。祭祀については、国立民俗博物館にも展示があり、何が供えられるのかがわかるようになっています。

栗、そしてこれまた祭祀に欠かせない棗《なつめ》は、子孫繁栄の象徴でもあります。それは、一本の木に多くの実ができるためでもありますが、由来は中国に。

「棗」の中国語の発音は「ツァオ」。「早」と発音が同じです。「栗」は中国語で「栗子《リーヅ》」。「栗子」は「立子」と発音が一緒。「早立子《ツァオリーヅ》」で、「早く男の子が生まれる」。

昔は男の子の誕生がとても重要でしたから、その願いが栗や棗にこめられていたんですね。日本のおせちの栗きんとんは、黄色だからたしかお金と関係あるんじゃなかったかな？　子孫繁栄、というのは、資料を見るまで知りませんでした。

栗は、栄養的にもすぐれています。最初のほうに書いたでんぷんのほか、タンパク質、ビタミンA、B1、B2、C、カリウムが比較的豊富。食物繊維、ミネラル類も多い。そして、その割には脂肪分はそんなに多くないそうです。たくさん食べても大丈夫そうですね⁉　でも、だからってモンブランを食べすぎないようにしないと……。

日本に帰ったら、おいしいモンブランが食べたいですね。

※参考にした資料は、主に「燕山君も愛した柚子」（17ページ）でもご紹介する『뜻밖의《トゥッパッケ》 음식사《ウムシクサ》』です。

2013年12月20日

## ◆日本の大根、韓国の大根　大根足はどっち!?◆

韓国での買い物で困るのは、量が多いこと。少量パックもあることはあるのですが、うちのマンションの地下にある農協スーパーは、カット野菜もほとんど売っていません。おまけに、野菜自体が大きかったりして……大根は、どうでしょう? 実は、韓国の大根のほうが、太くて重いんです。一口に大根といっても日本も韓国もいろいろな種類があるので、一概には言えませんが、少なくとも市場に出回っているものは、韓国のほうが大きいです。

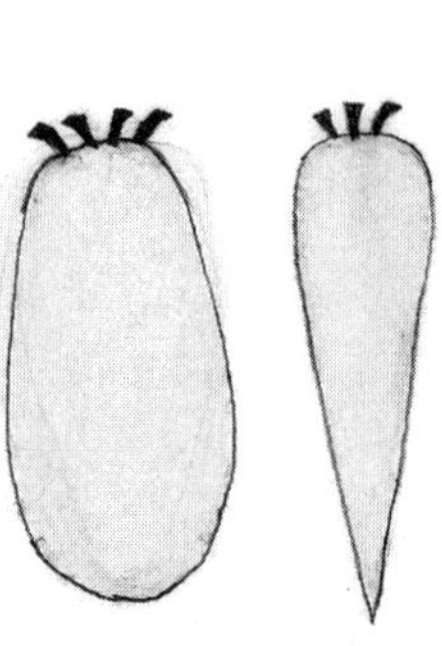

試しに、今家にある大根の太さを測ってみたら、直径12㎝! 私は店で大根を選ぶとき、あまり大きくないのにします。大きいのも小ぶりのも値段は同じですが、あまりにも太いと切るのが大変だし、とても使いきれません。なので、私が買わないようなもっと大きいものは、もっと太いでしょうね。それでは、日本で最もよく出回っている青首大根の太さは、どれくらいかな?と、検索してみました。

ある日本のサイトで、家庭菜園で育てている大根の成長過程をのぞいてみたんですが、小さいので直径5~6㎝、大きいのは10㎝くらい、と書かれていました。青首大根で直径10㎝って、大きいほうかもしれませんね。やっぱり韓国の大根のほうが、太そう。

それなら、「大根足」って言葉も韓国にはあるのかな、と思って調べてみたのですが、ありませんでした。韓国の大根のほうが、見るからに大根足なので、こういう表現、あってもよさそうなんですけれどね。語学堂の先生に日本の青首大根の写真を見せたときも、「まあ！なんて細いの!? 韓国の大根は太いのに」とびっくりしていたし。

もしかしたら、俗語にはあるのかなと思って、韓国人の友人に聞いてみたところ、あるある、「무다리《ムーダリ》」って言うのよ、と。「무」は大根、「다리」は脚ですから、同じですね。

韓国の大根を使った食べ物、私がよく目にするのは、カクトゥギ（大根の角切りの漬物）とたくあん。他にもいくつかありますが、ちょっとさみしいのは、韓国風おでんには大根が入ってないことです。居酒屋でおでんを注文すると、これでもか！というくらいたっぷりの練りものと、野菜はなぜか春菊が入ってます（日本人の料理長がいるお店では、たしかおでんに大根が入っていたようななかったような……）。

おでんは、家で作ることが多いですね。大根をたっぷり入れて。また、大根葉も売っているのは、うれしいです。これも、量が多くて、洗うのがちょっと面倒なんですが。細かく切って、ごま油で炒め、醤油とかつおぶしで味付け。ごはんがすすみます。

２０１４年１月21日

## ◆韓国のおいしい果物　ハルラボン◆

先日、済州島《チェジュド》出身の友人の実家から、ハルラボンが送られてきました。甘くみずみずしく、皮をむくと、柑橘類のさわやかな香りが家じゅうに広がります。ハルラボンは、普通のみかんよりずっと大きく、一度に丸々1個は、とても食べきれません。また、ハルラボンは、普通のみかんより糖度が高いのですが、収穫してすぐはとても酸っぱいため、ひとつひとつ袋に入れ、常温でしばらく置いてから出荷します。ビタミンCが豊富で、普通のみかんの1・6倍もあるそうです。

ハルラボンという名前は、へたの様子が済州島の漢拏山《ハルラサン》に似ていることからつけられました。もともとは、「不知火《プジファ》」「デコポン」と呼ばれていたそうです。韓国紙の紹介記事を見たとき、最初「デコポンはわかるけど、プジファとは何だろう?」と。ハルラボンについて日本のサイトを調べ、「不知火《しらぬい》」の韓国語読みとわかりました。

送られてきたハルラボンに貼られている赤いラベルには、「身土不二《シントプリ》」(신토불이)と書かれています。これは、人の体は、生まれた土地と一体であり、その土地で作られた農作物を食べるのが自分の体質には合っている、という意味です。

韓国のスーパーや百貨店の生鮮品コーナーには、国産品によくこの「身土不二」と書かれています。ハルラボンは、大きい割に皮はむきやすいですから、韓国に来る機会があれば、ぜひ一度食してみてください。

（参考記事…東亜日報、２０１３年２月19日）

２０１３年２月24日

### ◆燕山君《ヨンサングン》も愛した柚子《ゆず》◆

さわやかな香りの柚子。レモンほどきつくなく、やさしい香りに癒されますよね。

先週、ソウルの農協スーパーで、柚子を買いました。６個入り。みかんのように皮をむいて食べるわけではないので、また冷蔵庫に保管したまま悪くなっちゃうかなあと思いつつ、おいしそうだったので買いました。すぐに薬味として使ったもの以外は、冷凍保存。しばらく楽しめます。

最近の韓国紙にも、柚子に関する記事が出ていました。ビタミンCはレモンの3倍！　果皮に抗酸化作用あり。疲労回復、咳鎮静化、骨粗鬆症予防の効果あり。高血圧、動脈硬化、中風に効く、などなど。

栽培農家の出荷風景とともに、柚子がいかに身体にいい果実かが、書かれています。

柚子のことをもっと知りたくなり、先月たまたま本屋で見つけた食文化史の本を見てみました。『뜻밖의《トゥッパッケ》 음식사《ウムシクサ》』「뜻밖」は意外、思いがけないこと。「음식사」は「飲食史」。意外な飲食史、驚きの飲食史、知られざる飲食史、といった感じでしょうか。この本の「柚子」のページに書かれていた内容を、少し紹介しますね。

日本でも韓国でも親しまれている柚子。原産地は中国で、朝鮮半島には9世紀ごろ入ってきたと言われています。

韓国では、柚子の木の香りが、幼いころの思い出とともにある人と、柚子といえば、ビン詰の「柚子茶」しか知らない人に分かれます。柚子が寒さに弱く、零下10度以下になるような所では栽培できないからです。

今は、スーパーでも普通に買えますが、昔、柚子は高価な果実でした。柚子の木が一本あれば、子どもの大学の学費を出してやれたとか。暴君の代名詞になっている朝鮮王朝第10代・燕山君《ヨンサングン》（在位1494～1506年）も、柚子をこよなく愛した一人だったそうです。

燕山君は、慶尚道《キョンサンド》、全羅道《チョルラド》の監司（今の道知事）に、「柚子を枝につけたまま進上せよ」と命令。なぜでしょうね？　食べるためなら、果実だけでも充分なのに。もしかして、枝に実がついた状態なら、よい香りを楽しむことができるからだったのではないかと、この飲食史の本の著者は、書いています。一種のアロマ効果ですかね？　暴君もストレスいっぱいで、癒されたかったのかも知れませんね。

２０１３年11月24日

## ◆日本と韓国　好みの豚肉の部位は!?◆

先日、韓国人と焼肉の話から、豚肉消費についての話になりました。日本で焼肉といえば、イコール牛肉というイメージですが、韓国では牛より豚肉の焼肉が一般的。その代表、サムギョプサルは、三枚肉やばら肉のことですが、今や日本でも、「サムギョプサル」で通じるほど知られるようになりました。二人で話していて、じゃあ韓国の豚肉って自給なのか？　輸入なのか？　その割合は？　という疑問がおこり、韓国のサイトで調べたところ、日韓の豚肉について、興味深い説明がありました。

それによると、韓国の豚肉自給率は60％くらい。残りは輸入なわけですが、輸入しているのにはわけがあります。それは、韓国人の好きな豚肉の部位が、特定部位に偏っていることにありました。韓国人は、サムギョプサル、カルビなど脂身の多い部位を好み、そういう部位が不足しがちなので、輸入で補っています。どこから輸入しているかというと、実は日本から！

そして、ヒレなど赤身の肉はあまり人気がないので、日本へ輸出しているそう。日韓で豚肉の好みの部位が逆だから起きる現象ですね。ソウルのスーパーでお肉のコーナーに行くと、日本と売られている量や部位が違うなあ、とたしかに感じます。

あと、カットのしかたも違いますね。日本人にとっては、炒め物用の薄い肉が手に入りにくいのが不便。分厚いばら肉や骨つきの大きなかたまり肉は、日本よりずっとよく見かけますが、日本であまり使ったことがないし、とにかく量が多いので、ほとんど買ったことがありません。
お隣同士なのに、お肉ひとつとっても本当に違うなあと感じます。

2013年2月28日

## 本場ならでは

◆ソウルの素敵なギャラリー&カフェ　真鍮の器が美しい「ノックルッカジロニ」◆

景福宮《キョンボックン》西側一帯の西村《ソチョン》にあるギャラリー&カフェ 녹그릇《ノックルッ》 가지런히《カジロニ》。真鍮の器が美しい、素敵なお店です。

地下鉄3号線景福宮駅2番出口を出て北上し、通仁市場《トンインシジャン》入口の少し手前南側の道を左に入ると（角に洋服屋）、すぐ左手にあります。店内は、とても落ち着いた雰囲気です。私は、韓国人の友人にこのお店をおしえてもらったのですが、アシアナ航空の機内誌などで紹介されたこともあり、日本にもファンが多いようですね。お店のオーナーも、うちは日本人のお客さんが多い、と話していました。

2回行き、私がいただいたのは、焼餅とアイスのセット、棗《なつめ》ラテ。一緒に行った人が注文した冷たい柚子《ゆず》茶、紅柿《ホンシ》の小豆がけも試食。どれもやさしい味で、とてもおいしかったです。

2階のギャラリーも、見せてもらいました。その美しさに、思わず溜息が出ました。ここの作品は、伝統的ですが、モダンな雰囲気ももっています。ある韓国のサイトに紹介されたお店のオーナーへのインタビュー記事に、「伝統を守るのは大事。だけど、今の時代に合ったものを作らなければ」と書かれていました。ギャラリーには、チーズやデザートなど洋風の食べ物にも合いそうな、モダンな感じの作品が置かれていました。

さて、真鍮の器についてほとんど知識のなかった私は、韓国の真鍮について知りたくなり、ちょっと調べてみたところ、興味深い内容が。

仏教が盛んだった高麗時代、華やかな金工品がつくられました。サムスン美術館リウムの展示でも、高麗時代の金色に輝く仏像を見ました。

ところが朝鮮時代に入り、崇儒抑仏《スンユオクプルチョンチェク》政策の影響により、仏教的色彩の濃い、高麗時代のような華やかな金工品が減り、代わりに、単純だけど素朴な感じの生活用品が盛んに作られるようになりました。たしかに、李朝家具や朝鮮白磁も、シンプルですよね。

真鍮の器が王様のお膳にも使われたのは、料理に毒が入っていると変色するという特徴のためももちろんあったのでしょうが、シンプルな美しさの背景には、こんな時代的な要素もあったのですね。高価、手入れが大変など、使いにくそうなイメージのある真鍮の器ですが、最近は、O—157の殺菌機能、農薬成分の検出機能、また保温性が高いことなどで注目されています。前述のインタビュー記事のオーナーの話によると、「真鍮の器は抗菌効果がすばらしく、昔の人々は、お腹をこわすと真鍮の器に水を入れておき、飲んだそうですよ。実際、真鍮の花瓶に花を挿すと、長持ちするんですよ」と。なかなか奥が深いですね。お店の営業時間ですが、サイトによってまちまち。私がオーナーに聞いた営業時間は、10～19時、日曜休み。ただ、韓国のお店は、よく変更があるので……。

お店を訪れた人が、幸せな時間を過ごせますよう。

＊店名の「놋」（ノッ）は真鍮、「그릇」（クルッ）は器、「가지런히」（カジロニ）は整然と、きちんと、の意味。

２０１３年5月14日

## ◆ソウル　おいしい冷麺店◆

一時帰国から、昨晩ソウルに戻ってきました。一時帰国中は、和食を中心に、おいしいものもいただきました。もちろん、大好きな甘いものも。でも、日本滞在中、ちょっと気になることが。ソウルにいるときと比べ、特に食べる量が増えたわけではないのですが、なんとなく体が膨張していくような感覚が……。

そして、昨晩ソウルに戻ってから冷麺を食べに行き、感じたことがあります。量は結構あるのですが、たくさん食べてもなんとなくスッキリ。この感覚の違いは、何なんだろう!?と。

就寝時、体の中に、久しぶりに唐辛子やにんにくが広がるような感覚が。日本滞在中は、こういう感覚は、ありませんでした。もしかしたら、韓国料理をたくさん食べてもあまり太らないのは、唐辛子とにんにくがたくさん入っているからかな?と思いました。もちろん、メニューによっては太りますが。きちんと調べたわけではないけれど、韓国と日本を行ったり来たりして、唐辛子とにんにくの効用を、体で感じています。

というわけで、ソウルに戻って最初の記事は、おいしい冷麺店。といっても、あまり詳しいわけではなく、自分がいくつか食べに行った店の中で、一番好きな店の紹介です。

明洞《ミョンドン》　咸興麺屋《ハムフンミョノク》。

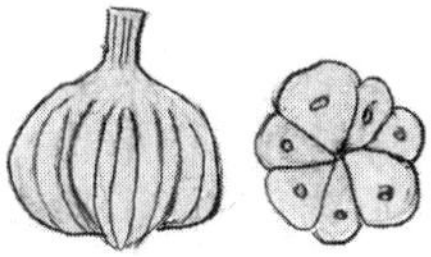

場所はちょっとわかりにくいかもしれませんが、一度覚えたら大丈夫。明洞駅前の、ミリオレとユニクロの間の道を北にしばらく進むと、右手にニューバランスという靴屋があります。そこを右に曲がり、道なりにずっと進んでいく（途中で北にカーブ）と、左手にあります。この店は、家族の勤める会社の韓国人スタッフがおしえてくれました。子どものころから通っていた店だそうです。
私は、ピビン冷麺派。ここのピビン冷麺は、とてもお

いしいです。咸興麺屋では、ピビン冷麺という名ではなく、「고기《コギ》（＝肉）冷麺」。あるいは、魚入りのものもあります。写真もあるので、写真を見て注文しても。今までいくつかの冷麺店に入りましたが、水冷麺、ピビン冷麺両方おいしい店はあまりなく、どちらかがおいしいと、どちらかはいまひとつ、ということが多かったです。

ぜひ一度、行ってみてくださいね。

２０１３年７月21日

**◆仁川《インチョン》チャイナタウン　ジャージャー麺博物館◆**

韓国で、一日平均７００万杯売れるという国民食「チャジャンミョン（ジャージャー麺）」（博物館パンフレットによる）。

ジャージャー麺の歴史がわかるというユニークな博物館が、２０１２年仁川チャイナタウンにオープン。今年1月行ってみました。

1号線の仁川駅を降りると、目の前にチャイナタウンの牌楼が見えます。牌楼をくぐり、まっすぐ進み、右手に曲がって（案内図あり）しばらく行くと、ジャージャー麺博物館に到着。駅から10分もかからなかったと思います。今は博物館になっている建物、もとは「共和春《コンファチュン》」という中華料理店でした。

ドラマや映画にもよく登場するジャージャー麺。単なる人気の食べ物というだけではなく、韓国の歴史や人々の生活が垣間見える、韓国を知るキーワードではないかなと思います。博物館のパンフレットをもとに、ジャージャー麺の歴史をごく簡単に紹介しますね。

ジャージャー麺は19世紀末の開港期に、仁川で初めて作られた。仁川開港とともに中国山東から渡ってきた華僑が、故郷の料理「ジャージャー麺(炸醤面)」を紹介してから、韓国のジャージャー麺の歴史が始まった。簡単に作れること、味噌文化に馴染んでいることなどから韓国でも人気が高まり、中華料理が繁盛した日本の植民地時代には、中華料理店のメニューの一つとなった。

その後次第に、カラメルを加えた韓国風ジャージャー麺が発展。1960〜70年代の米不足にともなう韓国政府の混食・粉食奨励政策と、値段が安い小麦粉のおかげで、より一層人気の外食メニューとなった。

韓国はお米の国というイメージが強かった私、住んでみて麺類の豊富なことに驚きました。でもこれは、白いお米を食べるのが困難だった歴史とも、関係あるんですね。ジャージャー麺は、今は「安くて、ささっと食べられる」「出前でよく頼む手軽なメニュー」という印象ですが、以前は子どもの卒業など特別な日に食べた、家族の思い出と共にある食べ物でした。そんなことも、博物館の展示からわかります。

私が訪れた日、館内は家族連れでにぎわっていました。きっと、子どもよりお父さんお母さんが喜んで見ていたのではないかな、と思います。韓国の麺類について書かれている『飲食江山《ウムシクカンサン》2』によると、ジャージャー麺は、1970年代学生の間で最も人気の外食メニューだったそうです。ところが、当時と今とでは、味やにおいが違うらしい。その理由は、ラード。昔のジャージャー麺に入っていたラードは、1980年代に入ってから、豚に抗生物質が多く使われるようになり、使いにくくなってしまったのだそうです。

私は韓国のジャージャー麺があまり好きじゃないんですが、このことを知ってから、昔のジャージャー麺をちょっと食べてみたくなりました。

ところで、韓国映画やドラマにもよく出てくる、ジャージャー麺を食べるシーン。中でも私は、『ファンタスティック・カップル』で、ハン・イェスルがジャージャー麺をほおばるシーンが好きです。もうだいぶ前（2006年）のドラマですが、一度見てみてください。

＊博物館は、9～18時、月曜・元旦・旧正月・秋夕《チュソク》（中秋節）休

2013年9月5日

# 教科書から見える韓国の飲酒文化

## ◆午前様は当たり前!?◆

韓国で買った韓国語や日本語など語学の教科書。取り上げられている例文や会話文から、文化や社会が見えてきます。

今日は、韓国の教科書から見える「飲酒文化」について、ビジネス日本語会話の教科書の一部を見ながら紹介します。

「接待」という章にあった会話文の一部です（人物名だけ変えてあります）。キムさんが、契約成立のお礼に田中さんにごちそうするという設定です。

キム　……ところで、田中さんはお酒強いほうですか。

田中　日本ではかなり強いほうですが、韓国の方に比べると強いとは言えませんね。キムさんはどうですか。

キム　私は今の会社に入ってから強くなりました。仕事の後、みんなと一緒に飲む機会が多いですからね。毎日遅くなるので家内に大変嫌われていますよ。ハハハ。

田中　私も終電で帰る日が多いです。今は家内もあきらめています。ハハハ。

キム　私たち二人とも午前様ですね。
田中　まったく、そのとおりですね。

「家内に嫌われていますよ」「今は家内もあきらめています」……。うーん、どちらも宴会文化の日韓サラリーマンの会話だから出てくる会話。実際に使う機会がありそうだから、コワイですね。この教科書を作ったのは韓国人で、前書きを読むと、ビジネスで使う可能性の高い「使える」「実践的な」会話文を載せているとのこと。たしかに。

それにしても、「午前様」には笑っちゃいました。「午前様」は、本文の後ろの「単語」欄にも、「嫌われる」「終電」とともに、しっかり出ています。でも、午前様とイコールの言葉がないのか、午前様という言葉の意味の説明が書かれています。韓国に、午前様という概念がない？　イヤイヤ、思うに、午前様が当たり前だから、わざわざそういう単語を使わなくてもいいのかもしれませんね。

２０１３年８月26日

## ◆カオスとコスモスと酒席と◆

今日は、韓国語の教科書から見る韓国の飲酒文化です。

一昨年夏、延世《ヨンセ》大語学堂５級の授業に通っていたとき、飲酒にかかわる印象に残った文章がありました。大体、次のような内容でした。

韓国人は、よく飲む。なぜか？

人は、秩序あるコスモスの世界（＝日常）と、カオスという混沌とした世界（＝非日常）を行き来しながら生きている。カオスの世界で、人は、コスモスでの緊張をほぐし、上下関係抜きで時間を共有する。しかしそれは、永遠にカオスの世界で生きていくためではなく、新たなコスモスという日常の世界へ帰っていくためである。

このように人は、秩序─無秩序─秩序、日常─非日常─日常を繰り返しながら生きている。コスモス（＝日常）は長く、カオス（＝非日常）は短い。そのため人々は、「カオス＝逸脱の時間」により強い刺激を求めることになる。とすると、韓国人が酒席で羽目を外すのも、そのためだと言えるだろう。

日常生活では考えられない姿を、酒席という逸脱の世界では見せるのである。

コスモスとかカオスとか秩序とか逸脱とか、なんだか難しい言葉が並びますが、もうちょっとわかりやすく言うとこういうことでしょう。

韓国社会は仕事や勉強などの日常生活の時間が長く、競争も厳しく、

上下関係もうるさく、とても疲れる。だから、酒席では思い切り飲み、酔っぱらい、そのストレスを思い切り解消するのだ、と。それは、わかります。でも、週末を待たず、月曜や火曜など、週のはじめから酔っぱらっているけど……しかも、若い女性が週のはじめから酔っぱらって千鳥足なのを、何度も目撃しています。というか、昼間から飲んでますよ！　しかも焼酎。しかも、勤務中。会食なんでしょうけど。

あれは、「カオス」じゃなくて「コスモス」の時間だと思うんだけどナ。

まあそれはそうとして、面白いと思ったのは、この「コスモス　カオス」の文が、5級の試験問題で出たこと。しかも、6級でもこれと類似の内容の試験問題が出されました。よほど好きなんですね、語学堂の先生方、この種の文章が！

さらに忘れられないのは、6級卒業後の7級のときの読解の先生が、「韓国は上下関係が厳しいし、ストレス社会だから、『逸脱』が必要なのよ！」と強調していたことです。

私もお酒は好きですが……でも、「午前様」になる前にお開きにしてほしいです。翌日にひびきます。日本ではそんなに遅くまで飲むことがなかったので、日付が変わっても飲むのは、韓国生活でつらいことのひとつです。

遅くまで飲み、朝早く出勤する韓国人のエネルギーには、とてもかないません。

２０１３年８月27日

## 食から見る韓国――変化、戦略、エネルギー

### ◆オリオン製菓　中国で人気◆

日本でもマーケットオーリアルブラウニーでおなじみのオリオン製菓。中国、ベトナムなど、日本以外の国でも人気です。

2012年、オリオン製菓は、韓国の食品業では初めて、中国市場で売上1兆ウォン（約870億円）を突破しました。オリオン製菓の中国での売上は急成長を遂げており、最近5年間の平均成長率は48％にものぼります。2012年の売上高1兆13億ウォンを、チョコパイに換算すると、約50億個。

中国人13億人が、1人あたり約4個食べたことになります。と考えると、すごい数字ですね。韓国各紙によると、オリオン製菓の中国での成功は、徹底した現地化戦略や、中国をよく理解している華僑出身の会長の存在が大きいとみられています。40人あまりいるオリオングループの中国駐在員、平均滞在年数は10年以上！

ところで、私は1985〜86年、北京に1年間留学していました。当時、困った（？）ことのひとつは、「お菓子」。なかなかおいしいお菓子がなかったのです。それで実家から送ってもらってい

ましたが、度々というわけにもいかず、結局現地で買っていたのはアメリカの輸入品。でも、お金のない留学生にはあまり買えないぜいたく品でした。それが、２００1年大連に短期留学したとき、よく見かけたスナック菓子は、韓国のお菓子が主流でした。そのころはまだ韓国に行ったことがなく、私は韓国のスナック菓子を、中国で初めて食べたのでした。

自分の体験や、知っている範囲のみでみると、経済成長する中国と、その割にはあまり種類豊富でなかった製菓市場に、オリオン製菓など韓国の食品業がうまく入り込んだなあ、という印象です。

（参考記事…東亜日報、ハンギョレ、毎日経済新聞、２０１３年1月10日）

２０１３年2月7日

## ◆韓国コーヒー専門店　ＥＤＩＹＡコーヒーの戦略◆

ソウルはもちろん、最近は地方でも増えているコーヒーチェーン店。甘～いコーヒー以外はなかなか飲めなかった何年も前のことが、うそのようです。

その中でも店舗を増やし続けているのが、ＥＤＩＹＡコーヒー。２００1年創業のＥＤＩＹＡ、２０１３年9月現在の店舗数は、９８０店。２００８年は２８９店だったので、5年間で3倍以上もの増加です。店舗面積の違いもあるので、単純比較はできませんが、チェーン店別の店舗数だけで見ると、スターバックス、コーヒービーン、カフェベネより多いのだそうです。

ＥＤＩＹＡの特徴のひとつは、「安い」こと。アメリカン1杯２５００ウォン。日本円で、２３０円くらいでしょうか。日本のチェーンのコーヒー店なら珍しくありませんが、韓国では４０００ウォンくらいはするので、これは安いほうです。

ＥＤＩＹＡでは、「安くておいしい」が目標。その実現のため、「店内で椅子に座って飲む」「インテリアにこだわらないと、客は来ない」という考えは捨て、コーヒーそのもので勝負できるように——。そして、コーヒー以外にかかる費用を減らす工夫をしました。その戦略とは……。

**・家賃を安く**

そのため、メインストリートのひとつ奥に開店。大通りからちょっと入った所でも、不動産価格は30％くらい安くなるのだそうです。また、家賃を安くするため、店舗面積も小さめ。「テイクアウト専門店」のイメージが定着すれば、費用のかかる広い店は必要ないと。韓国を訪れた人は、コーヒーカップ片手に「颯爽」と歩く若い人たちの姿を結構見かけたことがあると思います。一種のステイタスなのでしょうか？

こうした「持ち歩く」スタイルの流行りも、うまく結びついたかもしれませんね。

**・インテリア、宣伝にはお金をかけない**

有名タレントや歌手を使ってのテレビコマーシャルなどはしない。代わりに、「口コミ」を最大限利用。客が並んで買っているのを通りかかる人が見るだけで、「あの店は繁盛している」というわさが広まりやすい。それを利用するのだとか。

## ・加盟店の管理はシンプルに、透明性高く

「ロイヤリティー」は、どの店も一律月25万ウォンに統一。こうすれば、売れれば売れるほど、加盟店の収入も増加。加盟店はヤル気も出るし、本社との信頼関係も増す、というわけです。

こうしてみると、従来の韓国のカフェチェーンの戦略とはだいぶ違うというか、逆を行っている感じがします。今までの私のイメージでは、「おしゃれなインテリア、有名タレントの起用、（あまりおいしくないケド）値段を高めにして高級感を！」でした。映画やドラマのロケにも使われたおしゃれな店内で、ドラマの登場人物になった気分で、食事より高い高級なコーヒーという飲み物を飲んで過ごす、ステキな私……。

以前、店舗は狭いけど安くておいしい日本のあるコーヒーチェーンが、韓国進出に失敗したことがあります。その原因はこのような「高級感」を出せなかったからではないか、と聞いたことがあるので、よけいに不思議です。が、雰囲気はよくても高くてマズイのはイヤですもんね。それに、食事より高いコーヒーなんて、若い人にはかなりの負担ですから。

ある専門家いわく、今は、「足し算」でなく「引き算」の戦略が、競争を勝ち抜く秘訣だと。これは、コーヒー店以外のことにも、いえるでしょうね。

ところで、肝心のお味はというと……他のチェーン店の値段や味と比べたら、結構いいほうだと思います。チェーンにしても個人の店にしても、私は日本の店のコーヒーのほうが好きですが。小川珈琲、西村珈琲、丸福珈琲店、コメダ……韓国に進出しないかなあ？

まあ、帰国するまでの楽しみとしておきましょう。

2013年10月13日

（参考記事…朝鮮日報土日版、2013年9月28〜29日）

◆パンチェーン・パリバケットの海外展開
——アメリカは大衆化路線、中国は高級ブランド◆

ソウルを訪れた人で、PARIS BAGUETTEを見たことのない人は、おそらくいないでしょう。いまや韓国の小さな地方都市でも、見かけます。名前から見ると、フランスのパンチェーンかと一瞬思ってしまいますが、関係ありません。このネーミングからして、海外進出を考え作られたものです。

2013年10月28日の朝鮮日報に、パリバケット（以下パリバケ）の海外進出についての記事があったので、今日はそれを紹介したいと思います。

韓国の従来のパン屋は、「〇〇堂」、「〇〇製菓」、「〇〇パン屋」といった名前が主流でした。80年代、アメリカで製パン技術を学んだパリバケの会長は、そういった国内だけで通用する名前でなく、将来の世界進出を考え、世界でも通用する名前をつけました。ブランドロゴも、エッフェル塔。パリバケは2004年から海外進出し、経済大国アメリカ、中国を中心に店舗を増やしていきました。

2009年に海外店舗数45だったのが、2012年は137店舗に。今年の予想は、178店舗です。国別で見ると、中国が最も多く124店舗、アメリカが29、ベトナムが14、シンガポールが2。もうすぐパンの本場・パリにも開店するそうです（帰国後の2014年7月、パリのパリバケができました）。

進出先によって、戦略も違います。

パンが主食のアメリカでは、お手ごろ価格で、種類豊富に。テイクアウト中心のアメリカのパン屋で、韓国のように店内でも食べられるようにと新しいスタイルを取り入れました。最初は韓国系の顧客が主流だったのが、今はローカル客も増えました。

一方中国では、高級路線。富裕層が主な顧客です。予約注文専門の豪華なケーキも、韓国より高い値段で販売。日本円で、3〜10万円！ 中国の若者の間では、パリバケは、スターバックスやハーゲンダッツとともに、高級ブランドの象徴なんだそうです。中国に住んだことのある韓国人から聞いたのですが、中国人は、パリバケをフランスのパン屋だと思っているんだそうです。

毎日のようにソウルでパリバケを見ている私は、思わず笑っちゃいましたが、ネーミングがうまくいったってことですよね。パリバケは、さらに海外展開を進める計画で、目標は、2020年までにアメリカ、中国で各1000店、60ヶ国で3000店に拡大！

ところで、お味はというと……正直私は、おいしいとは思いません。ソウルに来たころは、とにかくパン屋というとパリバケばっかりでほかに選択肢がなく、しかたなく買っていました。が、徐々においしい店もわかってきて、今は弘大《ホンデ》や上水《サンス》の好きなパン屋で買っています。いつも混雑しているので、やはり韓国の人も、おいしいパンが食べたいんだろうな、と思います。ただ、パンを買うためにわざわざバスや電車で出かけるのもなあ……と思うので、人と会ったり、他に用事があるときについでに寄るという感じです。日本にいたときより、パン食の回数が、明らかに減りましたね。

パリバケの高級版・漢南洞《ハンナムドン》のPassion5はおいしいと言う人も多いですが、私はあまり好きではないです。種類も多いし、見た目はおいしそうなんですけどね。50代のオバサンには、くどすぎます。

あと、いまひとつ買う気がしないのは、国内でのチェーン店の増やし方が強引という印象があるからです。パンチェーンに限らないのですが……。パン屋の話を書いていたら、日本のおいしいパンが食べたくなりました。

2013年11月2日

## ◆明洞《ミョンドン》の老舗はなぜ消えるのか？◆

外国人観光客におなじみの明洞。以前は日本人が本当に多かったのですが、最近は中国系や東南アジアの人が目立ちます。多くの店が集まる中でも、特に目に入るのは、チェーンの化粧品店。その他、カフェ、洋食屋、韓国料理店……ほとんどが、チェーン店です。

今はチェーン店ばかりですが、もともとは老舗の食堂や喫茶店が軒を連ねる、グルメにはたまらない場所だったとか。私が十年前に韓国を初めて訪れたときは、すでに昔の街並みではありませんでした。が、かすかな記憶では、明洞ってもっと個人経営の食堂があったような気がします。

老舗が明洞から次々と姿を消したのは、なぜでしょうか？

明洞の変化は、韓流ブームが起きてからでした。２０００年代前半、明洞の一日の流動人口は、約70万人。それが、韓流ブームで外国人観光客が増えたことにより、２０１２年には約１５０万人へ。ところが、客が増えたと喜んだのもつかの間、訪れる人の増加に伴い、地価が急騰。明洞中心部の賃料は、２００２年６月は平均22万ウォン（約２万２０００円）／㎡だったのが、２０１３年11月には74万ウォン（約７万４０００円）／㎡に。もし20坪くらいの食堂を持とうと思ったら、毎月５０００万ウォン（約５００万円）に近い家賃を払わなければなりません。高い家賃の負担に耐えきれなくなった食堂、喫茶店、居酒屋などが、次々と明洞を離れていきました。

代わりに新しく明洞に入ってきたのは、資金力のあるチェーンの化粧品店、海外の衣料品店、フランチャイズの飲食店。そういえば、韓国で最も地価が高いのは、たしか明洞駅そばの化粧品店・ネイチャーリパブリックあたりだったと思います。

もちろん、明洞でがんばり続けている名食堂もあります。「ソウル　おいしい冷麺店」（22ページ）でご紹介した、私が好きな冷麺店・咸興麺屋《ハムフンミョノク》も明洞にあります。ここは中心部でなく、一本路地裏に入ったところにあるんですね。なんとか生き残ってほしい。また、老舗でも、外国人観光客に合わせ様々なメニューを用意して、何とか生き残っている店もあります。たとえば、チゲ専門店がカルビ、サムギョプサル、ヘムルパジョン（海鮮チヂミ）、冷麺などもメニューに加える、というふうにして。でも、食堂は本来チゲはチゲ、カルビはカルビ、冷麺は冷麺と、分かれているのが普通です。何でも屋になってしまうと、味が落ちるでしょう。残念です。

延世大学の語学堂に通っていたとき、会話能力をはかるための授業で自由発表のテーマを「韓国の中の外国」と決め、韓国人何人かにアンケートを取ったことがあります。

「韓国で外国らしさを感じさせる場所はどこですか？」という質問に対し、異国情緒のある「梨《イ》泰院《テウォン》」「カロスキル」などとともに、「明洞」と書く人がいてびっくり。「南大門市場《ナムデムンシジャン》」と書く人もいました。日本人の私からすると、韓国らしい場所というイメージだったので、意外に思って書いた理由を尋ねたら、「外国人観光客が多い場所だから。韓国じゃないみたい」と。

いまや明洞のイメージは、特に年配の韓国人にとって、「外国人が多く集まる場所」に変わったんですね。

明洞だけではありません。仁寺洞《インサドン》、三清洞《サムチョンドン》も変わりました。仁寺洞は、化粧品店が今後進出できないように規制するとかしないとか。時代の変化に逆らえない部分はあるでしょうが、私個人的には、規制してほしいです。

以前、仁寺洞で個人経営の伝統茶店に入ったとき、とにかく賃貸料が高くて大変、店をたたもうかどうしようかいつも悩んでいる、とハルモニ（おばあさん）社長が嘆いていました。個性的なカフェが多い弘大《ホンデ》も、地価の上昇で出ていく店もあり、変化してきています。私が大好きな付岩洞《プアムドン》や景福宮《キョンボックン》西側の西村《ソチョン》も今後変わってしまうのか、心配。ぜひ個性を保ってほしいです。チェーン店が圧倒的に強い韓国。なんとか、個性のある店が生き生きと同じ場所で続けていけるよう、経済構造も変わってほしいです。

（参考記事…朝鮮日報土日版、２０１３年11月23〜24日）

２０１４年１月14日

## ◆市場のエネルギー◆

海外で暮らした経験のある人は、異国で日本の何がなつかしくなるでしょう？ 居酒屋？ デパ地下？ スーパー？……なんか、食べ物関係ばかり浮かんでしまいますが。外国暮らしの韓国人にとってはどうでしょうか？ それについて、とても印象深い話が、朴婉緒《パクワンソ》の遺稿散文集『세상에《セーサンエ》 예쁜《イエップン》 것《ゴッ》』（「この世で美しいもの」の意）に出ていました。遺稿集の中の「私にとって母国とは」の中で、カナダに移民したある知人のことを紹介しています。

政治学博士で大学教授だった彼は、軍事政権下、ある発言が原因で、追われるように韓国を出て行きました。兄のいるアメリカに行き、その後カナダに移住。一時帰国のたびに著者に話すのは、カナダへの賞賛と、母国・韓国への不満。毎回毎回同じ話にうんざりした著者が、「じゃあなぜ毎年毎年韓国に帰ってくるの？」と尋ねると、彼は、「エネルギー充電のため」と。

そしてその充電の場は、在来市場なんです。南大門《ナムデムン》、東大門《トンデムン》……政局がどんなに不安定でも、全く関係ないかのように、明るく活気ある在来市場。エネルギー溢れる市場の人波にもまれていると、自然と力が湧いてくるのだ、と。そしてそれが、きれいで整然とした、だけど何か物足りない街並みの異国での生活を、元気に送らせてくれる原動力になるんですね。

韓国の市場が好きで、市場めぐりを楽しみにしている日本人も少なくないと思いますが、どこか共感できる話ではないでしょうか。

もうひとつ、「私にとって母国とは」に出ていた面白い話を。著者の娘の友人の話です。ドイツ人と結婚し、スイスに居住。誰もがうらやむ、絵のような美しい風景の中に暮らす彼女。その彼女には、年に一回韓国に帰国したときの大きな楽しみがあります。それは、スンドゥブチゲ。しかも、うんと辛～いものを、白人の夫と一緒に、お気に入りの店に食べに行くのです。そして、その辛～いスンドゥブチゲを、「もう一杯食べなさいよ」と、夫に強要⁉　その理由が面白い。

「私なんか、スイスのあのまずい食事に一年中耐えてるっていうのに、あなた、年にたった一回の辛いものもダメなの？」

白人の夫はぐうの音も出ず、汗びっしょりになりながら、フーフーいってスンドゥブチゲを平らげます。異国の結婚生活でたまったストレスを、辛いものを食べ、汗と一緒に流し、すっきり。そしてまた元気に、異国で過ごすことができるのだそうです。

この話を読んで、なぜか私もすっきり爽快な気分になりました。そういえば、自分も異国で暮らす人なんですよね。自分にとっての市場やスンドゥブは、なんだろうな？　と考えてみました。元気の素になるのは……野球場！　しかも甲子園球場！

といっても、プロ野球より高校野球です！　特に、アルプススタンド、大好きです。

一時帰国の際、かなり日程的に無理して、一度だけ甲子園に行きました。そのときは、気軽に入れる外野席でしたけど、外野席もまた、いいんですよね。今の自分、どこかエネルギー不足って感じなんですけど、もしかしたら、野球観戦ができなかったからかなあ、と思います。帰国後の大きな楽しみですね。

２０１４年１月２８日

# 第2章

# 暮らす

## 暮らして感じた異文化間ギャップ

### ◆外国人の見た韓国◆

韓国を訪れた外国人は、何を感じるのでしょうか？　実に様々だと思いますが、２つの新聞記事をもとに、紹介したいと思います。

２０１３年3月15日の朝鮮日報。外国人観光客専門のある旅行社が、外国人観光客４００人近くを対象に、「理解しがたい韓国文化」について尋ねたところ、実に半分近くの48％が「美容整形」と答えました。

「韓国人女性は、きれいなことはきれいだけど、なぜ顔が似ていて、ファッションも似たり寄ったりなの？」という疑問の声が多かったそうです。特に、個性重視の国から来た人にとっては、不思議にうつるでしょうね。

たしかに……私も、テレビに出てくるタレントやアナウンサー、新聞の広告モデル、きれいなんだけどなんか顔が似てる、特に目がそっくり……もしかして、同じ病院で整形したのかな？　なんて考えたりします。ファッションも、バッグやアクセサリーも含め、似たようなものを見かけますね。

次に多かったのは、トイレのごみ箱に捨てられた、使用済みのトイレットペーパー（27％）だそうです。これは、日本人観光客や留学生からもよく聞きます。私も、ソウルで暮らすことになったとき、一番心配したのがこれでした。マンションを決めるときも、まず紙が流せるかを確認。幸い、今住んでいるマンションでは紙を流すことができ、かなりストレスが減りました。公共の場では、流せない所が多いです。

もうひとつの新聞記事は、2013年2月25日の中央日報。こちらは、ソウル市グローバルインターンシップに参加した留学生が調査対象。学校の冬休みや夏休みを利用し、市の関連施設などで7週間働くというプログラムです。記事に紹介された留学生は、ドイツ、ポーランド、中国、日本など様々な国の出身者です。ソウルの印象について、多くの意見が出た中で特に多かったのは、名所旧跡ではなく、地下鉄についてでした。

公共交通システムが実に発達していて、母国でも参考にしたい。乗り換えしても、一定距離内なら乗換料金が加算されないのがいい。という長所もあがれば、車内で宗教の勧誘をするのはやめてほしい、マナーが悪い、という意見も。また、車内や地下鉄構内の、美容整形の広告が異様に多いこともあげられました。

地下鉄以外には、ドイツ人留学生が、韓国人の勤務時間の長さを指摘。毎晩遅くまで働き、週末も出勤、一体いつ家族と一緒に過ごすの？　と。これについては、勤務時間の長い日本から来た私も、韓国の人は、よく体がもつなあ、と感心しています。また、日本以上に酒席の付き合いが多いことも、感じます。特に、週のはじめから遅くまで飲むのには、とてもついていけません。

2013年3月20日

## ◆日本と韓国　歩くスピード　どっちが速い？◆

日韓を行き来していると、いろいろな違いが感じられ、面白いです。冬に一時帰国すると感じるのは、寒さの違い。といっても、外よりも室内の寒さの話です。今回日本に帰って、主に関西に滞在したのですが、到着して2、3日は特に寒い日でした。でも、外が寒いのはソウルで慣れているからか、そんなにつらく感じません。

それに比べ、日本の家の中は、寒い！　初日の晩は、寒さで目が覚めてしまいました。翌日からは、モコモコに着込んで、靴下もしっかり履いて就寝。なんとか乗り切りました。私はあまりオンドル（床暖房）が好きではなかったのですが、改めてオンドルのありがたさを感じました。韓国の人が日本に住んでつらいことのひとつが、冬の室内の寒さだとよく聞きます。それが今回、よくわかりました。

人混みの中を歩いていても、日韓の違いを感じます。

よく外国から見た日本人というと、忙しい、せかせかしている、といったイメージがありますが、一時帰国して人混みの中を歩いて思うのは、日本人は歩くのがゆっくりだなあ～ということ（ちゃんと測ったわけじゃないのですが）。一番歩くのが速いと思われる東京でも、今回あまり速いと思わなかったです。

ソウルの人のほうが、さっさと歩くという印象があります。歩く姿も、力強い。韓国人のほうが背が高く、体格もいいのでよけいにそういった印象を持つのかもしれません。若い人が多いのも、元気に見える理由かも。

ソウルで街中を歩くとき、日本人はたいてい見ただけでわかります。でも、どこで識別しているのか、自分でもはっきりわかりません。顔（輪郭、肌の張り具合など）や服の色で判断しているのかなあ、とも思うんですが、後姿だけで日本人だとわかるケースもあるんですね。歩く姿が、あまりエネルギッシュでないから日本人っぽく見えるのかなあ？　キムチパワーの違いなんでしょうか。

服の色も、違います。派手で知られる大阪ですら、冬に行くと「地味！」って感じます。韓国もさすがに、冬は黒っぽい服装の人が多いですけれど、たまに鮮やかな色の上着の人も。靴やバッグも、そうですね。ソウルは山に囲まれていて、気軽に登れるので、山歩き用の派手なウェアを着る集団にもよく遭遇します。冬でも、服の色がカラフルだと感じることがあるのは、そのせいかもしれませんね。

２０１３年12月９日

## ◆ソウル転勤　持ってきたけど使わなかったもの、手に入りにくく困ったもの◆

来春の帰国が決まりました。寂しいような、ホッとしたような。

今一番気が重いのは、荷造り。一時帰国の荷造りでさえしんどいのに、家中のものを全部動かさなきゃいけないなんて、考えただけでも疲れます。それでも、ソウルに引っ越すための荷造りより、帰国のほうが気は楽ですね。何か足りなければ、日本で買えばいいや、と思うので。

でも海外に引っ越す場合、現地で手に入りやすいもの、手に入りにくいもの、また日本では使うけれど海外では要らないもの、などを考えて荷造りしなければいけません。それが大変でした。今日はそんな自分の経験からの話を。

持ってきたけれど使わなかったものは、洗濯バサミ（布団干しのときの大きなものも）、ティッシュカバーやトイレットペーパーのカバー。ソウルのマンションには、日本のマンションのようなベランダが普通ありません。室内干しなので、日本のベランダで使っていたグッズは、ほとんど不要になります。

ティッシュは、箱が大きく高さも高いので、日本のカバーは使用不可能。不要だったものと言っても、そんなに場所をとっているわけじゃないし、大したことはないのですが、帰国の荷物を送るとき、一度も使わなかったものまで書類を書いて送り返さなきゃならないのは、ちょっとイヤですね。

逆に、なかなかなくて困ったものは、和布団のシーツでした。一応日本から持ってきたものの、古いものだったので新しいのがほしくてデパート、スーパー、あちこちの生活用品コーナーに行ったのですが、ベッド用のシーツばかり。東大門《トンデムン》とか市場に行けばあるかな、と思って行ってみたものの、お店の人がしつこく寄ってくるので、こわくなってあきらめました。来たばかりのころは、そういう人の勢いに圧倒されて、一人で買い物に出るのがこわかった時期があります。それに、柄が派手すぎ！　すごい夢見ちゃいそうで。

　結局、あそこしかない！　と向かったのは、無印良品。はたして、ありました、ありました。関税がかかっているからか、日本で買うより高め。日本で新しいのを買ってくればよかった、と後悔しました。でもとにかく、手に入れることが大事なので、嬉々としてレジへ向かうと、店員さんに何か聞かれたのですが、よくわかりません。部分的に、「바닥에《パダゲ》……」と聞こえたので、ああもしかして「床に」だから、床に敷く布団用のシーツでいいのか？（ベッド用シーツじゃなくていいのか？）と聞かれているのかな、と推測し、はい、私がほしかったのはこれです、と。間違えて買わないように、親切にも計算する前に聞いてくれたのですね。

　ネット通販など利用すれば苦労しないかもしれませんが、ネットで買い物するのがあまり好きではなくて。おかげで、あちこち出かけてこちらの生活に慣れるきっかけにはなりました。

　また、これは韓国への引っ越しに限りませんが、食器、調理器具などの台所用品や衣服といった生活必需品は、面倒でも日本から持って行ったほうがいいです。現地の事情によほど詳しければ別ですが、探すのに案外苦労します。私も、計量カップひとつのために、あちこち行きました。引っ越してすぐは、外国人登録証の申請や家探し、携帯電話、銀行などでの各種手続きなど、やらねばならないことが多く、時間もとられるし、慣れていなくて精神的にも疲れます。

そんな中で、皿一枚コップひとつ買いに行くのは、本当に大変です。引っ越し会社から渡された海外引っ越しマニュアルにも、生活用品は日本から持って行ったほうが賢明、と書かれていました。私も、部分的には足りないものがあって、ソウルで探すのに苦労しましたが、基本的なものは持ってきたので、最初の時期はそれでずいぶん助かりました。

２０１３年12月27日

## ◆プライバシーの領域◆

３月に帰国することになり、昨日、次の入居希望者が、不動産屋に連れられて下見にやってきました。バスルームを含め、すべての部屋をじっくり見学。

私も入居前、何軒か見学しました。リフォーム中の家もあれば、今回のうちのように、住人がいる家におじゃましての見学もありました。そういえば、日本は前の住人が住んでいるところに入って見学って、できたでしょうか？　何度か日本のマンションで引っ越しをしていますが、私の記憶では、一度もないような……。

このやり方、合理的だとは思います。昨日来た人たちも、日差しがどれくらい入るとか、暖かさとか、見晴らしはどうだとか、しっかり確かめていきましたから。こういうのって、実際に部屋に入ってみないと、わからないですものね。

韓国の場合、特に冬の暖房費は重要。日当たりの悪い、寒い部屋だと、暖房費がかさみます。昨日の人たちも、それをずいぶん口にしていました。

しかし……初対面でも、おばちゃんはよくしゃべりますねえ。

「あらその家具いいわねえ〜　どこで買ったの？」

「外国人なのに、韓国語しゃべれるの？　韓国語、難しいでしょう？　どうやって勉強したの？」

ここで不動産屋が、「ダンナさんはもっと上手。見て、このメール。完ぺきよ。韓国人並みね」と、うちの人が送ったメールを見せたり。また、「写真撮っていい？」と。正直気が進まなかったけれど、いやとも言えず、「いいですよ」。そしたら、バチバチ撮ってました。撮られて困るもの、別にないですけどね。でも、ボロいパンダのぬいぐるみまで写っちゃったかも。

……これも、日韓のプライバシーの領域の違いなんでしょうか？　日本だったら、面識のない人の家に上がって、いきなり各部屋を見学なんて、発想自体がないんじゃないかなあ。住まいに関してだけではありません。プライバシーの領域の違いを感じる場面が、本当に多いです。韓国に住んだことはなくても、韓国人と交流のある人は、プライバシーの捉え方の違いに、何かしらカルチャーショックを感じた経験があるのでは、と思います。

私が特に困った経験二つを書きますね。

ひとつは、語学堂の授業で、先生が生徒のプライバシーを根掘り葉掘り聞くこと。

もちろん、こちらが聞かれて困った表情をしていると、「あ、ごめんなさいね」と気づいてくれて、それ以上詮索しない先生もいるのですが。でも、知りたくてしょうがない先生に当たってしまうと、授業中本当に大変です。特に、数少ない既婚者は、集中攻撃！　会話の練習にはなるのかもしれない（？）ですけれど。なんで家のことをあれこれ話さなきゃならないの？　という気持ちが強いので、しつこく質問してくる先生を次第に避けるようになりました。

そうしたら個人面談で、「あなたは日常会話がとっても下手」と。ディベート大会で他の先生が私につけた点数にも、「こんなにいい点数なんておかしい。私は納得がいかない」と言うのです。

幸い、ほとんどの先生がそんなことなかったので救われましたが、もしプライバシーをペラペラしゃべっていたら、「日常会話がとっても上手！」と褒められていたのかな？

もうひとつは、宴席での話。初対面の、特に男性に、必ずされる質問です。「トシはいくつ？　ダンナさんとはいくつ違い？」「結婚して何年？」「なれそめは？」

この3つ、聞かれなかったことがないほど。しかも、中年男性が多いんですよねえ。なんでだろう？　こういう話をして、お互いの距離を近づけて……ということなんでしょうかねえ。別に他の話題でもいいのに……私は夫より年上。しかも、2つ3つではなく、結構離れています。恥ずかしいわけではないのですが、女性が年上というのがまだまだ珍しい韓国では、好奇の目で見られてしまう。それがうっとうしいんですよねえ。でも、一応質問には答えないと、次の話題にいかせてくれない。関所みたいなものです。

人と会うのは好きなほうの私ですが、韓国ではいつもこんな感じなので、正直いうと、初対面の人と会うのが憂うつ。完全帰国が決まってちょっとホッとしたことのひとつが、自分のプライバシーの領域が、「正常」に戻ることです。

逆に、韓国人が日本に住んで、ギャップを感じることも多いでしょうね。ときに韓国の人が、「日本人は親切だけど冷たい」と、一見矛盾しているような印象を日本人にもつのも、自分が韓国に住んでみて、ちょっとわかるようになった気がします。

2014年1月22日

## ◆緻密な日本　おおらかな韓国◆

今日は、韓国のマンションに住んでいて感じる日韓の違いについて書きます。タイトルをもうちょっと悪く書くと、「マニュアル日本　大ざっぱな韓国」。日本はとても細かいけど、マニュアル通りすぎ。韓国は、ザツ。そう感じることが、特に「住まい」に関しては少なくありません。

マンションって共同住宅ですから、各種お知らせや定期点検がありますよね。その連絡方法なんですが、日本でマンション住まいだったときは、掲示板に案内が出た上で、各世帯ごとにも連絡事項を配布。特に、火災報知器やガスの点検などのときは、そうでした。都合のいい日にちと時間帯を事前に紙に書き、管理室に提出。

韓国ではどうかというと、私の住んでいるマンションでは、各世帯にお知らせを配布なんて、3年間住んでいてほとんどありません！　私の記憶では、1回だけ。ガラス窓や外壁の掃除のときのみです。しかもそのとき、各棟ごとの清掃日の日程が書いてあったのに、その通りに進行しないのです。ちょうど泊まりがけのお客さんが来ていたころだったので、とても困った記憶があります。管理室に何度電話したか……でも、電話に出た人は、「何でそんな細かいこと聞くんだろう？」と思ったでしょうね。とてもめんどうくさそうでしたから。韓国の人は、あまり細かいことを気にしないのかもしれませんね。

今はもうだいぶ慣れましたが（といってもいまだに「いや」ですけど）、引っ越してきたばかりのころは、こういった住居での日韓の違いが、本当にしんどかったです。最初ショックだったのは、定期消毒。チャイムが鳴り、ドアを開けたら、武装したような格好のおばさんが、いきなり家に上がってきて、洗面所や台所の流し台にホースで何かを注入。作業終了後、やっと「消毒」に来たことが判明。言われるままにサインをしたら、さーっと出て行きました。

消毒なんて事前に聞いてなかったので、家族に報告しました。不審に思った家族は、不動産屋と大家に問い合わせました。それ詐欺じゃないか、サインしちゃったなんて、後で法外な額を請求されるんじゃないか、なんで知らない人を家に上げた？　二度とこういうことしないように！……などなど、さんざん注意されてしまいました。まだ慣れないころだったから、恥ずかしいけれど泣いてしまいました。あとで大家さんが、「そういえば3カ月に1度、定期消毒があるんだった！」と思い出し、一見落着しましたけれど。

その後、何度か消毒に来ましたが、チャイムが鳴ってすぐ応対しないと、おばさんはすぐ行ってしまって、もう二度と来ません。はなから来ないときもあります。消毒箇所も、来るおばさんによって毎回違うし。マニュアルなんて、ないんでしょうね。

住んでしばらくして、うちのマンションでは連絡事項を各世帯に配布しないことがわかり、エレベーター内の掲示板を注意して見るようになりました。消毒やガスの点検などのお知らせが掲示板に貼られることにも気づき、消毒おばさんが来る日も事前にわかるようになって、ちょっと気がラクに。でも、エレベーターに乗っている短い間に、お知らせを最後まで読むの、とても難しいです。1枚読み終わるのに、何度かエレベーターに乗らないとだめでした。でも、自分にとってお知らせの内容は大事ですから、必死です。おかげで、要点をうまくつかんで読むことに慣れました。

ちなみに、韓国語以外の掲示はほとんどありません。英語で併記されたのが、2、3度だけ。考えてみたら、日本のマンションもそうですから、外国人が住むのって、日本のマンションでもいろいろ不便だろうな、と思います。

他に、連絡の仕方で驚いたのは「放送」です。最初に、家の中でいきなり知らない人の声が入ったときは、どれだけびっくりしたか……管理室からのお知らせが、マンション各世帯に一斉放送されるなんて、日本のマンションでありましたっけ？　おまけに、外国語ですから。今はだいぶ聞き取れるようになったし、自分にとって大事な内容か、どうでもいい内容かが判別できるようになったので、あまり動揺しなくなりました。

放送については、ちょっと恥ずかしい経験があります。たま〜に工事などの関係で、停電することがあります。そういうとき、事前に放送でお知らせがあるんですが、停電実施の時間帯だけ聞き取れたけど、「何日」に行われるかうまく聞き取れませんでした。え？　今から30分後に停電？　タイヘン……停電したら断水もするので、水を汲んでおかなきゃ！　など、慌てて停電・断水に備え準備。でも、念のため管理室に確認を……と思い電話したら、停電はその日でなく、数日後の予定。電話に出た管理室の人も、苦笑い。

「外国人が韓国語の放送を聞き取るのって大変だから、もっとゆっくりはっきりわかりやすくしゃべって！」とお願いしました。その後一週間くらいは、放送がとても聞き取りやすかったですねえ。でも、一週間だけで、その後はもとに戻ってしまいました。

そういえば、ペットの飼い方に関する詳しい決まりみたいなのも、ないかも（あるけど、守られてない!?）。これは日本と対照的だなあと思います。私が住んでいた東京のマンションでは、飼育可能な犬の大きさが決められていたし、楽器演奏可能な時間も、平日と休日で、はっきりマニュアルに書かれていました。

ルールづくりは大事だけど、あまりにも細かいと、ちょっと窮屈ですね……日本のマンションに復帰したら、ラクな面もあるけど、融通がきかなくてストレスを感じるかも、と今から思っています。

２０１４年2月13日

## ◆韓国　3つの不思議◆

韓国には、引っ越す前も、何度か旅行で来ていました。そのころから不思議だったこと、暮らし始めてから気づいた不思議なこと……いろいろあります。3年間暮らして、以前はよくわからなかったけど、なんとなく理解できるようになったことも。でも、暮らしてもいまだにわからないことがいくつかあります。今日はその中でも、特に私が感じている3つの不思議について、書きたいと思います。

ひとつは、宗教。

仏教はあまり不思議じゃないけれど、なぜキリスト教信者が多いのか？　何百年も西洋の支配下にあったなら、まだわかりますが。しかも、カトリックとプロテスタントで、全く別の宗教と言っていいくらい距離がある。韓国のカトリックはむしろ、仏教とのほうが距離が近いのではないかとまで思ってしまいます。韓国に引っ越す前、旅行で何度か訪れていたころ、半島南の方の片田舎でも、必ず教会があることに驚き、なんでだろう？　とずっと思っていました。暮らせば少しはわかるかな、と最初は考えていたんですが、3年経った今も、わからないままです。これは多分、数年暮らして何冊か関連図書を読んだだけではわからない、奥の深いテーマなのでしょうね。

逆に、このことが自分の中で「こうこうだからでは？」と浮かぶようになったら、韓国への理解度がかなり深まっていると見ることができるかもしれません。まだまだ修行が足りない。

日本に帰ってからも、考え続けたいテーマです。ただ、韓国人と知り合ったときに、その人の宗教は何か？　は気にするようになりましたね。

ふたつめは、美容整形の謎。ブログ記事でも何度か取り上げましたが、なんでこんなに整形するのか、これも結局わからずじまいです。もちろん、整形をするのは、韓国人だけじゃないですけどね。中国からも、整形目的で韓国を訪れる人が増えています。整形とショッピング。

整形した部位を覆い隠し、ショッピングざんまいという……「美」への考え方そのものが、違うのでしょうか？　でも、行きすぎると「心の病」にも見えます。これも引き続き、注目していきたいです。

みっつめは……なんかくだらないことなんですが、韓国人はなぜ、バスが大きく揺れても、びくともしないのか？　です。最近は荷造りなどで忙しく、毎日のようにバスに乗ることはないですが、先週末ぐらいまで、ほとんど毎日バスに乗っていました。韓国のバスに乗ったことのある日本人は、おそらくほとんどの人が、その運転の乱暴さ、急ブレーキのひどさを経験していると思いますが、韓国人は本当に、よろけないんですよね……私は3年間いても、結局あの急ブレーキには慣れず、ブレーキがかかるたびよろけています。しりもちをついてしまったことも。

あまりにぐらぐらするので、見かねたのか、おじいさんやおばあさんの乗客が、席が空くと、あそこに座りなさいっておしえてくれるんですよね。うれしいけど、ちょっと恥ずかしくもあり……。子どものころから乗っていると、激しい揺れにも慣れるのでしょうかね？

＊おまけ

のちに何人かの方から、「宗教の不思議」についての意見をいただきました。韓国にキリスト教信者が多いわけは、儒教と関係があるのだ、と。韓国では、祖先をまつる祭祀《チェサ》がとても重要。でも、祭祀にはお金がかかります。キリスト教信者になれば、そういう負担を減らすことができるのだそうです。「見栄」をはる儒教。それは、美容整形をする人が多いことともつながってくる、とのことでした。

２０１４年２月21日

私の夫は日本人ですし、韓国の家庭を中から見ているわけではないので、祭祀のことなど、詳しいことはわからないのですが、こういう側面から調べてみると、いろいろなことが見えてきそうだな、と思います。

２０１４年６月17日

## ◆玉ねぎ＆マグカップ事件◆

事件、といったらオーバーなんですが……これもらったらうれしいけど、今はタイミングがちょっと悪い、ということありませんか？　帰国前の私にとってはまさにそうです。

先月末、日本へのお土産を買いに、農協スーパーへ行きました。スーパーの買い物にしては、結構な金額だったので、レジで「謝恩品《サウンプム》、あそこでもらっていってくださいね」と言われ、所定の場所へ。謝恩品は、日本語で言うと、「粗品」でしょうか。

今までも、たくさん買ったときにもらっていました。洗剤、ティッシュなど使えるものをもらうときもあるけど、帰国前にもらってもなあ、と思いながら行ってみたら、置いてあったのは大量の玉ねぎ！

韓国での買い物、食品にしても生活用品にしても、量が多いのが悩みの種です。

玉ねぎもそうで、いつも一番少なそうなのを選んで買っていたけど、それでも1・5kg入り。ほとんど一人で食べるため、いつも、なかなかなくならなくて困っていました。ところが、今回の「謝恩品」、どうみても3kg以上はあったような……送別会で外食も多いし、とても使いきれないと思い、「帰国直前なので、要りません」と、私。そしたら、「じゃあこれはどうですか？　これなら日本に持って帰れるでしょう？」と店員が指さしたのが、蝶柄のペアマグカップ。う〜ん……気に入った柄なら、なんだけど、いかにも粗品って感じの安っぽい絵柄。でも、はっきりそうとは言えなくて。どうやってうまく断ろうかと考えていたら、玉ねぎのそばに海苔を見つけ、これなら！と「海苔もらえませんか？」と聞いたところ、もっとたくさん買い物しないと海苔はあげられないと。残念。海苔ならお土産になるのに。

「荷物が多いと負担になるから」と何度も言い、何ももらわずに帰ったんですが、男の店員さん、「せっかくただでもらえるのに、何で？」と、とても不思議そうでした。

粗品がなぜ玉ねぎ、マグカップ、海苔という品揃えだったのか？　不思議です。どこかで余ったものなんでしょうか。家に残っている玉ねぎ2個も、どう使いきろうか考えているときだったので、玉ねぎの入った大袋が今でも目に焼き付いています。

2014年3月18日

## ◆スポーツ観戦雑感◆

完全帰国して、初めての夏です。昨日、2日遅れで開幕した全国高校野球選手権大会、開会式と3試合を見てきました。今、甲子園に行きやすい所に住んでいるので、気軽に行けるようになって、うれしいですね。興味がない人にとっては、電車も混むし、迷惑でしょうけど……特に甲子園の場合、プロもアマもですから。

ソウル生活3年間で、寂しかったのはスポーツ観戦に関してです。高校野球も、パソコンの小さな画面で必死に見ていたのですが、いまひとつ盛り上がらなかったですね。あまりにも画面がブツブツ切れちゃうので、諦めたこともありました。パソコンやスマホの操作に長けていたら、もうちょっと何とかなったかもしれないですけど。

海外でのスポーツ関係の放送は、当然日本人選手中心じゃないですから、正直寂しかったです。2012年夏のロンドンオリンピックのときも、せめて録画で、と検索しても、日本国外からは見られずがっかりすることも。

せっかく韓国にいるのだから前向きになろうと、韓国のテレビでオリンピック生中継や録画放送を時々見ました。重点的に放送する種目が、日本とは違うことが新鮮でした。自分にはなじみのなかったアーチェリー、韓国の選手が金メダルをとった女子決勝戦を見て、結構面白い競技なんだなあと思いました。韓国がアーチェリーや射撃に強い理由を韓国人の友人に尋ねたら、「集中力が高いことと、歴史的な関係からとじゃない？」と。「歴史的」の具体的な内容を聞いたら、「もともと狩猟民族だからねえ」と。どこまで根拠があるかよくわからないけど、妙に納得してしまいました。

このように、新しい発見もあるにはあったのですが、韓国のスポーツにはまるということは、結局ありませんでした。美術や文学、歴史にははまり、今もそれは続いています。でもスポーツは、どんな種目でも、どうしても日本中心に見てしまう自分がいました。「ニッポンニッポン！」と連呼されると引いちゃうほうだし、愛国心から応援しているわけじゃないし、何でだか不思議ですが、これは無理に変えることのできない感情ですね。

夏季オリンピックのときも、たしか女子バレーの3位決定戦が日韓戦だったと記憶してますけど、韓国の放送、日本が負けているかもと思うとこわくて見られませんでした。気になってしょうがなかったのに。試合結果をネットで調べてから、スポーツニュースを見るためテレビつけましたもの。今年の冬季オリンピックもソウルで放送を見たけど、どうしてもキムヨナを応援できない自分がいる。すごい選手だってことはよくわかっているんですけど……野球も、韓国のプロ野球には興味を持てなかったですし。

きっと、外国のスポーツにはまる人もいるとは思いますが、私はスポーツに関しては「国際化」

できませんでした。もちろん、差別的な言動を試合会場などでするのはもってのほかだと思っています。それは、また別な次元の問題ですね。

国境を越えて活躍している選手や指導者には、本当に頭が下がります。

高校野球に関して、韓国ではいいこともありました。2012年第25回U−18世界野球選手権大会がソウルで開かれたので、これはまたとない機会と思い、何度か見に行きました。蚕室《チャムシル》野球場で行われた日本対台湾戦では、藤浪晋太郎選手と大谷翔平選手を見ることができて、本当によかったです。しかもガラガラだったので、間近で見られました。甲子園では、近くで見るなんて贅沢は、なかなかできませんから。日本からわざわざ見に来ているお客さんもいました。今でも、いい思い出です。

このときの球場がガラガラということからも、高校野球の存在が、日韓ではまるで違うんだなあと感じました。韓国も野球強いから、高校野球が盛んでもよさそうなんですけどね。でも、韓国の文化が少しわかってくると、まあそうかなあ、と納得します。

韓国にも、高校野球の大会はあるし、テレビ中継もします。私もテレビ中継見ましたけど、観客席はガラガラ。野球部のある学校も限られ、野球部に入る子は、プロを目指す子ばかりだそうです。野球に限りませんが、ある分野にずば抜けている子は、早いうちから選別し、その道に進ませるのですね。語学堂のある先生が、「スポーツや芸術分野で、韓国では1位になれる子を育て、2位3位以下は育てない」と言っていたのが印象的です。金メダリストが多いのも、こういうことと関係があるのでしょうね。

何年か前、日本のある韓国語教室に通っていたとき、高校野球の地方予選を見に行ったときの感動を、韓国語で作文に書きました。先生からのコメントは、私にとって意外なものでした。「日本に何年住んでも、アマチュア野球に夢中になる日本人の心情は、本当に理解できない」という趣旨の内容。日本のプロ野球にはかなり詳しい先生だったので、文化の違いを感じました。

２０１４年８月１２日

## 韓国の四季を体験して

### ◆3月下旬　まだまだ寒いソウル◆

先日、日本の友人からうれしい封書が届きました。開けてみると、桜模様のカードと、桜花の香りのサシェが！　一足早く、桜を楽しめたみたいで、とてもうれしかったです。

というのも、３月下旬のソウルはまだまだ寒く、ここ数日の気温も、０度～14度くらい。日中は暖かい日も増えましたが、朝晩は冷えます。朝、気温を確かめると、たいてい１、２度ですね。日本の桜開花のニュースも、遠くの出来事のようです。また、韓国南部ではもう桜が咲いていますが、まるで外国のニュースを見ているよう。狭い国なのに、ソウルと半島南部は気候が違います。

昨年も一昨年も、そして今年も、ソウルでは3月が東京や大阪と比べ、本当に寒いと感じます。ソウルの人は慣れているのでしょうか、朝外に出ると、コートを着ていない人が意外と多い。私は、気温1度でコートなしは、とても無理。決して寒がりではないのですが。それに手袋をはめている人はほとんどいません。私はまだ、手袋もマフラーも手放せないでいます。

韓国人に、「韓国人は、寒さに強いですね～みんな薄着ですよね」と言ったら、「いやあ、モンゴル人は、もっと寒さに強いですよ」と。なんで毎日寒い寒いって私が言うのか、不思議に思っているようです。

ふと思い出したのが、日本で留学生に日本語を教えていたときのこと。インドネシア人は、初冬でも寒い寒いと連発し、皮ジャンとコート、上着2着をはおってました。台湾人は、10月でも教室で寒がり、その横で、中国東北地方出身の学生が笑ってました。彼らは、まだ暖かいのに、と。南北両方の出身者がいると、教室の温度調節が難しいです。

さて、韓国の天気予報で最近よく耳にする表現が、꽃샘추위《コッセムチュウィ》、꽃（コッ）は花、샘（セム）は嫉妬、추위（チュウィ）は寒さの意。（きれいな）花が咲くのを寒さが妬んで、寒くなる、春先の寒さ、ということだとか。日本語の「花冷え」に当たります。

桜の開花はまだですが、ソウル市内を歩いていると、木の芽が膨らんでいたり、咲きかけている花もチラホラ。桜、れんぎょう、つつじ……色とりどりの春の花をブログにアップできる日が、待ち遠しいです。

2013年3月28日

### ◆暑い！　6月のソウル◆

このところ、ソウルは暑いです。今日も、最高気温30度を超えました。日本はもっと暑いみたいですね。韓国のニュースでも、日本の暑さや熱中症患者について、報道しています。

私は平日の朝、用事があって江南《カンナム》方面に出るのですが、暑くなる前は、特に何もなければ、まっすぐ帰宅していました。洗濯、掃除……家事もあるので。でも、最近は、まっすぐ帰宅するのがイヤで、今日もカフェに寄って、新聞の切り抜きなど読み、しばらく経ってから帰宅。

なぜ？　それは、家の中が暑い！　からなんです。

冬とても寒い韓国。家の造りは、冬過ごしやすいようにできています。外は凍えそうに寒くても、家の中に入れば、暖かい。共同住宅では、自分の家のオンドル（床暖房）の温度を低めに設定しても、建物全体が暖かいので、ポカポカ。東京のマンションのほうがよほど寒く、暖房が苦手な私は、フリースや毛糸の靴下が必需品でした。が、ソウルでは室内でフリースを着ると、暑いくらい。反対に、夏はとてもつらいです。家の造りが冬仕様だからか、開閉できる窓がわずかしかありません。うちのマンションが特別通気が悪いのかも知れませんが。開閉できる窓が共同住宅に少ないのは、飛び降り自殺防止のため、と聞いたこともあります。

本当の理由はよくわからないですが、とにかく室内が暑いです。零下20度近くになる冬のほうが、私はまだ過ごしやすいです。今韓国も梅雨ですが、梅雨が明けたら、また「暴炎《ポギョム》」（猛暑）がやってくると思うと、それだけで疲れます。

だったら、クーラーをつければいいのですが、うちにある備え付けクーラー数台のうち、半分が故障して使えない。何度か業者に来てもらいましたが、結局なおらなくて、あきらめました。どうも、クーラー本体よりも、マンションの電気配線に問題があるようです。幸いリビングのクーラーは大丈夫なんですが、たった一人リビングでクーラーをつけ続けるのは、気が進まず……。本格的な夏はこれからなのに、今から秋の到来をのぞむ私です。

だいぶ前の記事ですが、韓国各地で、冬が短くなったと出ていました。1980年代と2000年代を比較すると、最も冬が短くなったのは光州《クワンジュ》で、90・9日から76・9日と、14日も減ったそうです。反対に、夏日は増えていて、韓国で最も暑いといわれる大邱《テグ》は、1980年代（116・1日）から2000年代（124・4日）と、8日も増加。夏日が4カ月を超えてしまいました。1年の3分の1が、夏日！　これも、地球温暖化の影響でしょうか（冬日は1日の最低気温0度以下、平均気温が5度以下で、夏日は1日の最高気温が25度以上、平均気温20度以上で計算しています）。

（参考記事＝朝鮮日報、毎日経済新聞、2013年3月18日）

2013年6月20日

## ◆ソウルの落ち葉の行く先は……◆

晩秋を感じさせる落ち葉。ソウルでは、朝早くから落ち葉を掃く人の姿を見かけます。気のせいかもしれませんが、東京や大阪より、ソウルは落ち葉が多い感じがします。葉っぱ自体も大きいし。冬も葉をつけているのは、松の木くらい。常緑樹ってあまりないのでしょうか。植物に詳しかったら、いろいろわかって面白いでしょうね。大量に落ちる落ち葉。焼却しようと思ったら、多大な費用がかかります。環境にも悪いですし。

さて、ソウルの落ち葉は、どこへ行くのでしょう?

２０１３年11月22日の東亜日報に、ソウル市内のいくつかの自治体が落ち葉をどう処理しているかについて、出ていました。松坡《ソンパク》区では、ここ数年間、江原道《カンウォンド》春川市《チュンチョンシ》南怡島《ナミソム》に送っています。ナミソムといえば、冬ソナのロケ地として有名ですが、キャンプ場やサイクリングロードもあり、週末は多くの人でにぎわいます。ここで、「松坡落葉キル（＝道）」に送られた落ち葉が敷き詰められるのだそうです。ナミソムは寒く、早くに落葉してしまうので。昨秋も同種の記事が出ていたので、行ってみたかったのですが、かないませんでした。残念。

最近は、同区にあるテーマパーク、ロッテワールドからも、落ち葉のリクエストがありました。松坡区は今秋、落ち葉約１０００トンを、ナミソムとロッテワールド、そして農家に送ったそうです。それによって約1億ウォン（1000万円弱）もの落ち葉処理費用の節約になりました。

江東区《カンドンク》、鍾路区《チョンノク》などでは、落ち葉を堆肥として農家に送っています。鍾路区では、毎秋発生する落ち葉の「ゴミ」だけで1500トンも！　私は鍾路区に住んでいるんですが、たしかに、鍾路区は特に落ち葉が多いなあ、と感じます。落ち葉から作られた堆肥を使えば、土が肥え、化学肥料もあまり使わなくてすむので環境にやさしいと、記事には書かれていました。

ナミソムやロッテワールドに運ばれ、観光で使われた落ち葉。イベントが終わったあとどう処理されるのかは、ちょっとわかりませんが、ゴミが減る自治体にとっては、なかなかいい方法ですよね。

2013年11月26日

### ◆凍結道に注意！◆

体重は減らないのに筋肉量は減少気味。トシをとると筋肉がつきにくくなるということを、実感します。特に最近は運動不足もあってか、筋肉だけが落ちていきます。

私は散策が大好きなのですが、このところ控えていました。寒さと、凍結道がこわいのとで。日本からソウルに戻り、気温や湿度の違いなどで、喉を痛めてしまい大事をとったこともあります。今日、久々にちょっと歩きました。今、外は1度。先週末寒かったことを考えると、今日は比較的暖かいです。東京や大阪だと1度って結構寒いですが、湿度の違いか、ソウルでは0度前後ならまだましなほうです。

1年前は、結構雪が降りました。今年の冬もすでに降りましたが、昨年よりは少ないです。雪国の人から見たら、積雪量も全然大したことはないと思います。ソウルでは、昨冬10数センチ積もって大騒ぎでした。

問題は、積雪量より雪が降ったあとの道の状態です。真冬は最高気温もマイナス何度という世界。なかなか雪が溶けません。メインの通りなら除雪も比較的行われますが、路地裏に入ると除雪もあまりされないのか、いつまでも凍ったままです。日中の気温も上がらないし、日も当たらないので、ツルツルに凍ります。白ければ、歩くとき気をつけるのですが、透明になってしまうとわかりません。凍っているとは知らず、滑ってヒヤリとした経験は、一度や二度ではありません。今日歩いた徳寿宮キル《トクスグン》（道）では、雪の量はわずかですが、あちこち凍ってました。

それでも、この道は除雪作業をする人がいるので、いいほうです。ソウルは坂が多いので、坂の上のほうに住んでいる人は、本当に大変でしょう。

雪が降ると、よく登場する言葉があります。

「빙판길《ピンパンキル》」。「빙판」は漢字で氷板、「길」は道のこと。凍結道ですね。もうひとつ、よく聞く言葉が「낙상《ナクサン》」。漢字で「落傷」と書きます。落ちたり転んだりしてけがをすること、またはその傷を指します。

昨冬、凍結道で転倒しないためには、という記事を目にしました。その中で、韓国らしいなあ、と思った注意事項がひとつ。

「ふらふらになるまで飲み過ぎないように」。忘年会の多い年末ですからね。

韓国に来る人は、滑りにくい靴でお出かけくださいね。

２０１３年12月18日

◆四季の変化◆

昨日、夏の高校野球も終わりました。数年ぶりの関西生活で甲子園が近くなり、今夏は何度か足を運びました。やっぱり、夏の風物詩ですね。終わると、ちょっと寂しくなっちゃいます。高校野球が終わると、ああ夏も終わりだなあ～と感じます。まだまだ残暑厳しいですが、秋の到来が近いなあ、と。

今日は、季節感の話を。

ソウルに住んでいたとき、比較的負担が少ないと思っていたことのひとつは、四季の変化があること。東京や大阪より、一日の気温差も、年間の気温差も激しいし、乾燥しているので、その点はつらかったですが。でも、自分の身体が、春夏秋冬という一年のサイクルに慣れているので、基本それが同じというのは、身体的にはもちろん、精神的にもよかったです。

常夏の国は一見過ごしやすそうに見えますが、いつも暑いか暖かいかで、寒い時期がないというのは、暮らしたら案外つらいかも、と思います。経験がないので、あくまでも想像での話ですが。

寒い冬に春を待つ気持ちや、色とりどりの花が咲いたときの歓び。韓国の人とは、特に説明しなくても共有できる気持ちですが、常夏の国の人には、実感がわかないでしょう。以前、日本で知り合ったフィリピン人留学生が、「子どものころ、教科書に出てきた北風が何なのか、わからなかった」と言っていました。インドネシア人留学生からは、「日本では、春も秋も同じ種類の花が咲くんですか？」と聞かれ、びっくり。最初、何を聞かれているのかわからなかったです。四季の変化のある国の人なら、まずしない、というか、考えもしない質問ですから。どちらも、もう20年ぐらい前の話ですが、今でもはっきりと覚えています。

韓国の同世代の女性に、一番好きな季節は？　と尋ねたら、「春」。理由は、希望に満ちているから。秋や冬は、人生の終わりに似ていて、気持ちが暗くなると。

「私たちは、晩秋ぐらいかしら？　何か、枯れていくようで、さみしいわね」と、二人で苦笑い。これも、四季の変化がある国の人同士だからこそ、わかる話ですよね。

日本と同じように、韓国も季節の中でも春と秋は特にきれいで、楽しみが多いです。でも、夏のサルスベリの花や、冬の雪景色も忘れがたい。韓国にいたとき、サルスベリの赤やピンクの鮮やかな色を見ると、なぜかホッとしていました。そして、帰国後、サルスベリを見かけると、韓国の夏を思い出します。

＊おまけ

東南アジアは一年中同じ気候で、採れる野菜や果物も、一年中同じかな？　と若いころは思っていました。が、インドネシアの人から、ドリアンにも旬があると聞き、南国には南国の季節のサイクルがあるんだな、ということを知りました。

シンガポールでは、ブーゲンビリアも、特に美しい時期があると聞きました。シンガポールには以前何度か行ったのですが、たしかに、行く時期によって花のきれいさが違いましたね。いつが特にきれいだったか、よく覚えてないんですが、行く時期によって違う、ということだけは記憶に残っています。

世界の様々な地域の、こんな話を集めたら、とっても面白いだろうなと思います。

２０１４年８月26日

## 宗教、行事、祝日から新発見

### ◆ソウルより　あけましておめでとうございます◆

あけましておめでとうございます。새해《セヘ》 복《ポン》 많이《マニ》 받으세요《パドゥセヨ》

みなさん、今日元旦はどのように過ごされましたか？　私はお正月料理もなく、親戚が集まることもない、ちょっとさみしいお正月……ですが、ソウル最後の新年なので、近場だけど出かけてきました。

大晦日は、ソウル市内の中心部へ。旧暦のお正月のほうが大きな行事である韓国ですが、カウントダウンなどいろいろ行われるので、ソウル中心部の大通りは歩行者天国になり、大勢の若い人でにぎわいます。私は一昨年参加したんですが、トシのせいか人が多すぎるのはしんどいので、今回はここでの年越しはしませんでした。

私たちは、曹渓寺《チョゲサ》へ。日本のお寺のように人は多くなかったですが、やはりイベントがあったりして、人が集まっていました。ただ、年齢層は高かったですね。日付がかわる少し前にお寺を出、自宅に向かう途中で新年になりました。光化門《クワンファムン》のあたりは真っ暗で、ちょっとさみしかったです。こういうとき、ライトアップすればいいのになあ。

今日元旦は、初日の出を見に、近くの見晴らしのいい場所に行ってきました。観光地と違い、地元の人のお散歩コースといった感じの場所ですが、青瓦台《チョンワデ》（大統領府）や景福宮《キョンボックン》、ソウルタワーが見渡せる穴場です。

韓国でも、初日の出を見る人は多いようで、年末は、初日の出の名所に関するニュースもよく見られます。私が行った所は名所ではないですが、ある程度人が集まっていました。スモッグで見えないかなと心配したのですが、ビルの間にあらわれた初日の出を、なんとか見ることができました。今年は日本に帰るので、節目の年になりそうです。ソウル発の記事は、おそらく3月ごろまででしょうが、帰国後も何らかの形で続けたいと思っています。

今年もよろしくお願いします！　みなさんにとって、２０１４年がいいことのたくさんある一年になりますよう♡

２０１４年1月1日

## ◆釈迦誕生日◆

昨日、２０１３年5月17日は、부처님오신날《プチョニムオシンナル》、釈迦誕辰日《ソッカタンシニル》。日本でいう花祭で、韓国では国民の休日でした。

「プチョニムオシンナル」は、直訳すると、お釈迦さまがいらした日。旧暦4月8日のこの日が国民の休日になったいきさつについて、ネットで調べてみたら、面白い話が出ていました。

それによると、キリスト教徒の大事な日・12月25日クリスマスが国民の休日なのに、仏教徒にとって大事な日である釈迦誕生日が休日でないのはおかしいと、仏教徒のある弁護士が、1973年に訴訟を起こし、1975年に国民の休日として認められたそうです。多民族国家ならともかく、そうでない国に二つの宗教の国民の休日があるなんて、驚きです。

昨日、曹渓寺《チョゲサ》に行ってみました。この日法要が営まれたお寺には、大勢の人が集まりました。韓国のお寺を訪れたことのある人はご存知だと思いますが、古～い雰囲気の日本のお寺とは違い、韓国のお寺は、極彩色でかなり派手。私は、日本のお寺のしっとりとした感じがときどき懐かしくなるのですが、それでも、釈迦誕生日のこのにぎやかな雰囲気は楽しいし、好きです。教会で手を合わせる気にはならないけど、お寺という手を合わせお参りする場があると、外国生活でも気持ちが落ち着きます。

ところで、曹渓寺を出、しばらく歩いて交差点に出たら、数人がプラカードを掲げて何かの抗議をしていました。人混みの中、信号待ちをしていた短い時間にちょっと見ただけなので、はっきりとはわからなかったのですが、どうも釈迦誕生日に抗議するキリスト教信者だったようです。街中を彩る提灯が目障りだから撤去しろとか、そんなことを主張していたらしい。私は、その提灯がきれいで好きなんですが、異教徒から見ると、じゃまなんですね。

釈迦誕生日までの間、一カ月くらい、ソウルの街中は提灯だらけになり、釈迦誕生日とは縁のなさそうな江南《カンナム》のカロスキルでさえ、提灯が吊るされます。嫌いな人にとっては、どこに出かけても、気分が悪いということなんでしょうか。

2013年5月18日

### ◆今日から秋夕《チュソク》連休です◆

韓国は、今日から秋夕《チュソク》（中秋節）の連休です。

「秋夕」は中国由来の漢字語。この言葉が伝わる前から、陰暦8月15日の中秋節を、韓国の固有語では「한가위《ハンガウィ》」と呼んでいました。韓国の贈答品コーナーなどでは、こちらの単語をよく見かけます。中国から漢字語が入る前から、固有語が存在していたということは、秋夕は朝鮮半島にかなり古くから伝わる行事だったのでしょうね。ここで、中国が先か朝鮮半島が先かを考えるのは、疲れるのでやめておきます。

今年の陰暦8月15日は、明日9月19日ですが、韓国のカレンダー上では、今日18日〜20日が秋夕連休の祝日です。土日と合わせると、5連休ですね。日本も9月は祝日がありますが、中秋の名月は祝日にはならないので、カレンダーの赤色の日は、日韓で差があります。私は外国人居住者だし、日本人の夫の転勤でソウルにいるので、韓国人家庭から見る秋夕というのは、実感がありません。でも、外から見た秋夕について、印象の強いことは、いくつかあります。

まずは、「ごちそうを作る女性が大変」ということ。お正月の準備が、大変だけど好きな私（かなり手抜きですが）は、韓国の女性も、楽しんで秋夕や旧正月の準備をするのだろうと思っていました。

ところが、私が知り合いに聞いたかぎりでは、「楽しい」と答えた人は、ゼロ。「女性にとってはしんどい、憂うつな時期」とか、「とにかくごちそう作りが大変で、イヤ」という声しか、聞いたことがありません。なんでだろう？　伝統行事での女性の負担が、日本より重いのかなあ。

伝統行事に限らず、私の見た印象では、まだ日本の男性のほうが家事するかな……というくらい、女性が大変そうです。最近は、周囲の目を気にしながらも、秋夕のごちそう作りを手伝う男性も。そんな男性の姿が、今日の朝鮮日報の一面に出ていました。こういうことが、ニュースにならないくらい普通のことになりますよう。

「帰省ラッシュ」のイメージも強いです。秋夕が近くなると、交通情報急増。もちろん、今日のニュースもそうです。渋滞する道路の映像を見るだけで疲れます。運転手は大変ですね。交通渋滞を避けるためか、都会に暮らす子どもたちが忙しいからか、「逆帰省《ヨクケイソン》」という、田舎に住む老親が都会の子どもの家に出向く現象もあります。時代が変わったなあと思うのは、陰暦元旦、秋夕などに行う祭祀である「茶礼」の代行。お寺での合同茶礼など、人気だそうです。あとは、秋夕の贈り物ですね。この時期デパートに行くと、必ず店員さんに「贈り物セット買って」と声をかけられます。

今日の東亜日報によると、秋夕や旧正月など、贈答シーズンにほしい贈り物人気ナンバーワンは、商品券だとか。特に、デパートの商品券は喜ばれるそうです。また、今秋の人気商品は、高麗人参系健康食品。日本の汚染水問題で、どこ産かにかかわらず、水産物のイメージが悪化し、贈るのを控える客が増えたこともあり、高麗人参の人気が上がったのだそうです。

秋夕の贈答品、数日前のニュースで過剰包装が問題になっていると放送していました。過剰包装である上にかなりの「上げ底」なので、商品そのものよりゴミのほうが多くなってしまうという……ゴミの減量という点からも、好みの商品が手に入るという点からも、「商品券」はある意味エコかもしれませんね。

２０１３年9月18日

### ◆ソウル　クリスマスも間近◆

クリスマスを前に、ソウルの夜はより華やかになりました。寒いけど、電飾見たさに暗くなってから出かけています。私が特に気になっているツリーは、お寺にあります。それは、曹渓寺《チョゲサ》です。お寺にクリスマスツリー!?　気づいたのは昨年。たまたま通りかかってわかりました。２０１０年から、毎年この時期になるとツリーを飾っているのだそうです。「宗教間の和合のため」だとか(中央日報、２０１３年12月19日)。

今日はついでに、韓国の宗教についての話を。といっても、あまり詳しくありませんが。訪韓した人はたいてい、韓国には教会が多いと感じるでしょう。私もそうでした。小さな田舎町でも、教会がありますから。東アジアになぜこんなに教会？　ソウルに来てから､ずっと気になっています。そのなぞは、いまだに解けないでいますが。

ウィキペディア「大韓民国の宗教」によると、韓国の人口の内、仏教徒22・8％、プロテスタント教徒18・3％、カトリック教徒10・9％、その他、となっています。そして、ソウル、釜山などの大都市の半分近くの人が、何らかの組織化された宗教に加入。また、韓国は、東アジアと東南アジアの中では、フィリピンと東ティモールに次いで、3番目にキリスト教徒の比率が高いそうです。ただし、統計には曖昧さがあるとのことで、参考程度に。

本当は、他に引用したかった資料があったのですが、転載、引用等に制限があり、控えました。でもその資料と、今回載せた数字を突き合わせたところ、だいたい似たようなものでした。

韓国はキリスト教徒が多いので、クリスマスはただ雰囲気を楽しむだけのものとは違う、と感じます。ある韓国人が、12月に日本に行ってびっくりしたと言っていました。信者もほとんどいないのに、街中ジングルベル！　クリスマスプレゼントにクリスマスケーキ、クリスマスツリー……たしかに、キリスト教徒が一定数いる国の人から見たら、ちょっと異様な光景かもしれませんね。日本のお寺の保育園ではクリスマスパーティーもするし、まあ、寛容ということで。

２０１３年12月21日

## ◆冬至◆

日本と時差のない韓国。日本より日の出も日の入りも遅いです。平日朝だけ用事があって、家を7時に出るのですが、真っ暗。まるで夜みたいです。江南《カンナム》に着くころ、やっと明るくなり、朝だなあ、と感じます。

昨日22日は冬至でした。寒さはますます厳しくなるけれど、明るい時間帯は少しずつ増えていくかな。日が短いと、どうも気持ちが暗くなってしまって。冬至を前に、新聞などで小豆粥の広告や関連記事をいくつか見かけました。

今朝の毎日経済新聞には、ナムサンゴル韓屋《ハノン》マウルという伝統家屋を移築して造った公園で昨日行われた行事の写真が載っていました。小豆粥がふるまわれたようです。知っていたら行ったのに、ちょっと残念。朝鮮日報にも、昨日同じ場所で撮られた冬至の風景が載っていました。子どもたちが、細長く畳んだ紙を、縄に結びつけている様子です。最初、おみくじかしら？ と思ったのですが、写真の説明文を読んでみると、新年の願い事を書いたものだそうです。

日本で、絵馬に願い事を書くのと似ていますね。冬至は昔、一年の終わりでもあり始まりでもある区切りだったそうです。それで、冬至の日に新年の願い事を書くのかもしれませんね。

ところで、冬至に小豆粥。なんで食べるんでしょうね？ 伝統行事の由来について書かれた本を、ちょっと読んでみました。子ども向けですが、結構勉強になります。由来はいくつかあるらしいですが、ポイントは小豆の赤い色にありそうです。赤は、悪いものを寄せつけない、厄除けのような役目を果たす色。悪いことや悪い病気が近寄ってこないように食べるようです。日本でも、たしか冬至に小豆を食べる風習があるんですよね。小豆かぼちゃでしたっけ？ 私自身は日本では全く経験がないし、知識もないんですが、京都の古本屋で買った、どこかの地方の郷土料理の本に紹介されていて、一度食べてみたいなあと思っていました。

日韓の冬至の風習、なにか共通点があるのかしら？ 興味深いです。私もソウルで冬至に小豆粥を、と思ったのですが……昼食にカレーを食べてしまい、そのあと映画。お腹はいっぱいのままだし、ほとんど動かなかったので、とてもお粥屋さんには行けそうになく、あきらめました。冬至以外の日には食べたことがあるのですが、なにしろすごい量だったので。代わりに、仁寺洞《インサドン》の伝統茶カフェで、ぜんざいを。

小豆粥は「팥죽《パッチュク》」で、ぜんざいは「단팥죽《タンパッチュク》」。直訳すると、「甘い小豆粥」。名前も似ているし、小豆が入っているから、いいかな。

ところで、お粥で思い出したのですが、韓国語の慣用表現に、식은《シグン》 죽《チュク》 먹기《モッキ》というものがあります。冷めたお粥を食べることなんですが、さて次の何を表しているのでしょう？

（1）朝飯前（2）冷や飯を食う（3）好機を逸する（4）まずいものを食べてしまう

正解は、(1)です。冷めたお粥はすぐ食べ終えることができるので、とても簡単なことを表します。

２０１３年12月23日

## ◆クリスマス・イブの明洞聖堂《ミョンドンソンダン》◆

昨日のクリスマス・イブ。明洞聖堂に行ってきました。その前に、夕食。居酒屋に入ったのですが、ガラガラ。いつもはにぎわっているのに。やはり、イブはおしゃれな洋食レストランに行くのだそうです。値段も普段より高いとか。だったら私は、マッコリとチヂミで十分。

明洞聖堂に着いたのは、23時ごろだったでしょうか。すでに、多くの人が来ていました。中に入ってみたかったのですが、人が多く、とてもムリだったので、あきらめて帰宅。信者じゃないし、かえってじゃまになってしまいますから。でも雰囲気は、味わえました。帰宅は日付かわってクリスマス。テレビで、ミサの様子を放送していました。

今日クリスマスは、韓国の国民の祝日です。夫は日本の会社勤務なので、朝から出勤。こういうとき、外国に住んでいるなあと感じます。逆に、おととい23日は、日本は祝日でしたが、韓国は平日。街は普段通り。

ときどき、日本の祝日を忘れてしまいます。

日本人観光客を多く見かけて、あ、日本は連休なんだった、

と気づくことも。

ところで、明洞聖堂は「聖堂」なのでカトリック。プロテスタントは、「教会」。明確に区別します。まるで、別の宗教かのよう。でも、私には、違いがあまりわかりません。

韓国に引っ越してきたばかりのころ、聖堂を見て「あ、教会だ」と言ったら、プロテスタントの友人に、「違う！　あれは教会じゃない！　聖堂！」と強い口調で言われてしまいました。それ以降、気をつけるようにしています。

２０１３年12月25日

# 第3章

# 知る

## 韓国紙の三面記事から

### ◆マヌケなニセ警官◆

東亜日報の「休紙桶《ヒュジトン》」（紙屑かご、屑入れ）というコーナー。とんでもないニセ医者、ゴミ屋敷の主、住人の老人に取り押さえられた情けない若い強盗、目の悪い老店主ばかりをねらった偽札使いの主婦……ちっちゃな記事ですが、韓国社会の一面が垣間見えて、ついつい読んでしまいます。切り抜きを確かめたら、10枚以上になっていました。そんな中から、今回は２０１３年7月25日に出た、マヌケなニセ警官の話をご紹介します。

……先月から、ソウル・江南《カンナム》に、怪しい警察官が出現。警官の制服を着、ベルトには拳銃と無線機が。警官・チョン氏（36）は、「不法営業取り締まり中」と、江南一帯の屋台を巡回。屋台の店主たちは、見たことのない警官ではあるが、笛を吹いて交通整理をしているチョン氏を、最初は疑わなかった。チョン氏は、客のまばらな明け方、屋台でキムパプ（韓国の海苔巻）を食べ腹ごしらえ。取り締まりを恐れる店主は、代金も要求できず。同じく取り締まりを恐れる露天商の中には、チョン氏にカバンやレインコートなどをプレゼントする（貢ぐ?）者も。

こんな風に、チョン氏は2カ月もの間、無銭飲食を繰り返し、露天商から物品を受け取っていた。ところが、「怪しい警官が、無銭飲食をし、酔っぱらいの財布を引っくり返して見ている」との通報により潜伏中だったホンモノの警官に捕まえられてしまった……

チョン氏が着ていた制服や拳銃などは、すべて南大門市場《ナムデムンシジャン》で買ったニセモノ。地下街で1万ウォン出して作った、プラスチック製のニセの身分証も。チョン氏の容疑は、「公務員資格詐称」など。なんでこんなバカなことしたんでしょうねえ、わざわざ。無銭飲食にしても、もらった物にしても、大した値段のものじゃない。警察によると、無職のチョン氏、もともと「将来の夢」は警察官だったのだそうです。警察官になってみたかったんですね、ここまでして……。

ところで、南大門市場は日本人観光客にとってもなじみの場所。値引き交渉が苦手で、アヤシイ日本語でやたら話しかけられるのも嫌いな私は、素通りすることが多いんですが、警官の制服を売っているなんて、ちょっと見てみたくなりました。

2013年7月29日

## ◆タクシー運転手になりすまし、酔っぱらいから……◆

酔っぱらい。日本でももちろん見かけますが、韓国ではもっと目にするような……。ほろ酔いなら楽しくていいですが、泥酔だと、「大丈夫かなあ」と心配になります。そんな泥酔した人ばかりを狙った犯罪が、おとといの韓国紙に出ていました。

猛暑だった8月のある明け方。40代のサラリーマンA氏は、酔っぱらって千鳥足、道端に座り込んでしまった。そこへ50代の李某氏がA氏に、「タクシー代〜！」。すっかり酔っぱらっていたA氏は、誰か親切な人がタクシーに乗せて運んでくれたんだと思い込み、夢うつつの中、懐から財布を取り出して、クレジットカードを渡す。

李某氏「お客さん、カード払いなら、暗証番号をおしえてくれないと」。泥酔状態のA氏、素直に4ケタの暗証番号をタクシー運転手らしき李某氏へ。翌日、我に返ったA氏は、自分の口座から1180万ウォン（約112万円）引き出されている事実を知り、驚愕！

今年6月ごろから、ソウルの瑞草区《ソチョク》や江南区《カンナムク》一帯で、泥酔客ばかりを狙い、金品を盗んでいた李某。ついに今月22日御用となりました。

その盗んだ金品だけで、5700万ウォン相当（約542万円）。運転手になりすましてタクシー代を請求し、カードを出させ暗証番号を言わせるという手口で、奪い取ったカードから引き落とした額は、4600万ウォン（約437万円）。6月から10月までに、このやり方で1000万円近い額を盗んでいたということですね。

ちなみにタクシーに見せかけていた車は、レンタカーだったそうです。李某氏いわく、「酔っぱらいはみんな、暗証番号を聞いたら素直におしえてくれた」。

泥酔客から金品を盗むのは、どこの国でもありそうなこと。でも、酔っぱらいばかり狙って、タクシー運転手になりすまし犯行を繰り返し、これだけの金額を稼いで（?）しまえるなんて、飲酒王国!?　韓国ならではかもしれません。日本と物価があまり変わらないのに、タクシー代が安く、利用客が多いのも、こんな犯行を思いついた理由かもしれませんね。
しかし、被害者には気の毒だけど、どっちもマヌケ。
（参考記事＝2013年10月23日　東亜日報）

＊おまけ
記事にあった「비몽사몽간《ピモンサモンガン》」という言葉。何だろうと思って調べてみたら、漢字で「非夢似夢間」。夢うつつってことですかね。こういう言葉を見つけたときは、ちょっとうれしくなります。

2013年10月25日

## ◆1億2000万ウォン　注ぎ込んだ相手は……男!?◆

東亜日報に出ている三面記事の、ヘンな詐欺事件をときどき紹介してますが、先月末も、思わず苦笑しちゃうような事件が書かれていました。
40代のサラリーマンA氏。2年前の春、アダルトサイトの出会い系カフェにアクセス。女性のヌード写真が画面いっぱいにアップされたエッチなカフェに、A氏は電話。出たのは、「チ ソヨンマネージャー」と名乗る女性のカフェ運営者。「会員になれば、毎週女の子に会わせてあげるわ♡」と、甘い声で勧誘。A氏は、カフェ運営者のイ氏（32）に、加入費700万ウォン（約70万円）とモーテル宿泊料40万ウォン（約4万円）を送金。ところが数日後、「会員たちが取り調べを受けることになりそうだ。何とかしたい、金を送れ」とイ氏から電話。A氏は、一度も女性に会えないまま、10回以上にわたり、計1億2000万ウォン（約1200万円）を送金。そしてやっと、「おかしい」と気づき、警察に通報したのでした（なんでもっと早くに、アヤシイ、と思わなかったんでしょう？）。

送った（というか、だまされた）金額が大きいのが気になるけど、まあここまでは、ありそうな事件です。が、ここからがちょっとヘン。警察によると、このエッチな出会い系カフェは実在せず、イ氏のデタラメ。「チ　ソヨン　マネージャー」ら、イ氏以外のカフェ運営者2人も、架空の人物。なんと、イ氏が「1人3役」で、声色を変えて、演技していたのでした。よっぽどうまかったんでしょうねえ～。声優さんにでもなればよかったのに。どうしても信じられない、というA氏は、警察署で直接イ氏の「女性を真似た声」を聞いて確認した後、大きくタメ息をついたそうな……ああ……かわいそう。ショックだったでしょうね。ま、もともとこんなアヤシイサイトにアクセスするのが、悪いんですけどね。

記事を読んで気になったのが、この32歳の男イ氏は、見た目どんな感じなんだろうということがひとつ。まさか、筋肉モリモリではないでしょうねえ。それとも、オネエ系？　それともうひとつは、警察署で女性の声を「実演」してみせたとき、回りで聞いてたおまわりさんたちは、笑いをこらえていたんだろうか？　ということ。

おまわりさんに直接、感想を聞いてみたい。1億2000万ウォンがどうなっちゃったのかも、気になりますけどね。

＊おまけ

私、最初に「アダルトサイト」って書きましたけど、元の韓国語を直訳すると、「淫乱物《ウムナンムル》サイト」。なんとわかりやすい。

ときどき、韓国語って、日本語より直接的に表現するんだなあ～って感じます。

２０１４年2月6日

# 女性の階級

## ◆今や夫までレンタル!?◆

「今や夫までレンタル!?」

２０１３年3月26日朝鮮日報の記事の見出しに、目を疑いました。一体どういうことなんだろうと、読んでみると……

「レンタル夫」は、時給大体1万５０００ウォン～2万５０００ウォン。最近のレートで日本円に換算すると、約1305円～2175円。安いのか高いのかわかりませんが。

　主な利用者は、30～40代の独身のキャリアウーマン。韓国では、「ゴールドミス」と言うそうです。どんな風に使うのかというと、たとえば、金融機関に勤めるある30代の女性は、仕事関係の夫婦同伴のパーティで、レンタル夫を利用。

「結婚してないって見られるのがいやで。費用も大してかからないし、必要なとき呼べばすぐ来てくれるから、大いに活用しているの。結婚する気もないし、これからも時々利用するつもり」。また、「レンタル夫」業界関係者によると、ゴールドミスたちが、不動産契約などの重要なことを行うときにも、大いに需要があるそうです。一緒にごはんを食べる人がいなくて寂しいときとか、休日一緒に過ごす人がほしいときなど、「情緒的な満足感」を満たすためにも利用されるとか。

　韓国人の友人（30代独身女性）に、このことについて話したら、「初めて知ったけれど、たしかに韓国では需要があるかも」と。韓国でも、女性が結婚しないことに対し、若い人の考えは変わってきたけれど、年配者はまだまだ既婚か未婚かで判断する傾向が強く、女性がいくら仕事や学業で成功しても、独身だと「成功者」とは見なされない、と彼女。この風潮は、外国人である私も、韓国に暮らしていてよく感じます。日本でも、昔はこういう傾向が結構強かったですけど……。今は、どうなんでしょうね？　日本にも「レンタル夫」ってあるのかな？

　記事を読みながら、疑問がいくつか……。記事には、「本当の夫のように、夫としての役割を代行してくれる」と書いてあったけど、どこまでしてくれるのかな!?　あと、「レンタル夫」の仕事（バイト？　パート？）をする男性って、どんな人たちなんだろう。サラリーマンは忙しいから、呼べばすぐ来てくれるのは不可能だし。前出の友人に聞いたら、「学生？　大学院生とか？　または無職？　あ、でも、エリートっぽい人かも」。あくまで想像です。好奇心から、検索してのぞいてみたい気もするけど、ちょっとこわくて調べていません。

ところで、この記事の後半には、「レンタルの生き物」の例として、ペットのレンタルの話も出ていました。レンタルの「夫」と「ペット」が同列に扱われていることに、ちょっとびっくりしました。「レンタル夫」の写真、見てみたい……。

２０１３年４月３日

## ◆女性の階級◆

１週間ほど前に見た、「女性の階級」についての東亜日報の小さな記事。封建社会じゃあるまいし、何これ……と思いながらも気になり、ちょっと読んでみました。

韓国の女性階級の頂点は、勉強のよくできる子を産んだ女性。次が、いい結婚をした女性。玉の輿ってことですかね？　その次が、美しい女性。心、とは書いてなかったですよ、「顔が」です。そして、最下級が、勉強のよくできる女性。ああ……。

記事自体が、世の中を皮肉ってというか、面白可笑しく書くような雰囲気のものだったから、まあいいんですが。でも、韓国社会にはこういう側面、たしかにあります。私の周りの韓国人には、30代独身で働く女性や子育てしながら働く女性が結構いるので、現実にそぐわないという感じがしないでもないけれど、それでも、こういう現実があることは100％否定はできないな、とは思います。次のような記事の後半の内容からも、その一端が見えます。

……ある官僚の奥さんで、子どもを超エリートに育て上げるのに成功した人が本を出したら、世のお母様方から絶賛された。母親たち自らが、最上階級にいる女性を賞賛するこうした現状から、韓国で女性の社会進出に限界のある理由が見えてくる。それは、女性自らが、「子の成功」＝「自分（母親）の成功」と思いこんでいるからではないか。そういう「代理満足」に陥っていることも関係あるのではないか……。

これって、日本でもそうでしたよね。もしかしたら、今もそういう傾向はあるのかな。でも、日本のほうが、もっといろいろなタイプの女性がいて、様々な女性の生き方があるということが、ある程度、許容されているようにも思います。

「子の成功」や「夫の地位や名誉」を鼻にかける女性、私は一番嫌いです。自分が努力するより、「代理満足」の方が楽なんでしょうね、きっと。こういう女性にいつも聞きたいと思うのが、「ところで、貴女は何ができるんですか？」

「良妻賢母」とか「内助」とかいう返事が返ってくるのかなあ⁉　次回はもうちょっと女性の話の続きを――。

２０１３年８月13日

## ◆消費に熱心な中年女性「ゴールドクイーン」◆

30・40代独身女性「ゴールドミス」について書きましたが、今度は、「ゴールドクイーン」。経済力があり、美容や健康に関心が高く、趣味やレジャーを楽しむ40・50代の中年女性消費者を指すのだそうです。今韓国では、家庭で財布の紐を握る彼女たちが、重要な消費者層として注目されているとか。

彼女たちがお金を使うのは、ヘルスクラブ、アウトドア用品、靴、衣服、化粧品など美容関係、ファッション雑貨……更年期対策か、健康食品の購入も多いそうです。トシより若く、健康に、元気に、楽しく！　ということなんでしょうかね～。デパートなどのお店はもちろんですが、ネット通販でも重要な顧客層になりつつあります。

以前、この年齢層の女性は、自分のためよりも夫や子どもなど家族のためにお金を使っていました。それが今は、子育てが一段落すると、自分のために消費するようになったといいます。それだけ、豊かになったということなのでしょうね。日本もそうだもんなあ。

ただ、ちょっと気になったのは、「経済力のある中年女性」の「経済力」の部分。新聞記事には明記してなかったけれど、働く女性とはどうも思えない。平日、たまたまデパートに行くと、消費活動に熱心な女性たちを見かけます。日本でも見ますが……母娘で朝からブランド品を買いあさっているとか。付き合いでたまたま入ったちょっといいレストランでも、一定の中年女性客を必ず見かけます。でも、こういう贅沢な消費活動ができるのは、中年女性の大部分ではなく一部でしょう。おそらく「ゴールドクイーン」は、夫が高収入なのでは、と推測します。

日本語でいうと、こういう女性はいわゆる「勝ち組」？　でも、うらやましくないですねえ。毎日習い事や消費活動に明け暮れる生活は、一見幸せに見えるけど、自分は頼まれてもイヤです。仕事や勉強（ゆるーい習い事でなく）を続け、挑戦し続けるほうがいい。でも、なぜそう思うかわからなかったのですが、友人とのメールのやり取りで気づきました。子育てしながら、仕事と勉強の両立を続ける友人いわく、「余裕はあるけれど受動的な安全な暮らしより、勉強してわずかずつでも前進しているという実感や充実感を得るほうが、ずっと生きている実感がある」と。

そう、ショッピング大好き！　という消費中心の生活は、「余裕はあるけれど受動的な安全な暮らし」に見えてしまうんです。ゴールドクイーンからしたら、「受動的なんてとんでもない、能動的よ」なのでしょうが。

お金をいくら積まれても、ゴールドクイーンにはなれないなあ。

（参考記事＝毎日経済新聞、２０１３年7月26日）

２０１３年8月１４日

## 気になる韓国人男性の身長、健康

### ◆韓国人男性の平均身長◆

ソウルの街を歩いていると、韓国人は本当に背が高いというか、体格がいいと、いつも感じます。身長159㎝の私は、日本では自分が小さいとはあまり思わないですが、韓国にいると、回りの人の体格のよさに圧倒され、自分が小さくなったように感じたりします。実際、高校3年生の韓国人男性の平均身長は、日本人の男子学生より3㎝ほど高いそうです。

ところがここ10年くらい、身長の伸びが停滞している。そんな興味深い記事が、2013年5月4~5日『朝鮮日報土日版Why?』に出ていたので、それをもとに紹介します（以下、記述する平均身長は、高3の韓国人男性の数字）。

私は、韓国人はもともと日本人よりも背が高かった、と思っていましたが、そうではなかったようで、1964年は平均163・6㎝しかありませんでした。同時期の日本人は166・4㎝。韓国人より、3㎝近く高かったんですね。それが、1974年166・5㎝、1984年168㎝と伸び続け、1994年には171㎝と、170㎝台に到達。ここで、日本人を追い抜きました。といっても、日本人が170・9㎝なので、たった1㎜の違いではあるのですが。それでも、1964年の数字と比べれば、ずいぶん伸びたのだなと感じます。

ところが、2003年の174㎝をピークに、ここ10年は停滞、というか低くなっています。2004年が173・4㎝、昨年2012年は173・6㎝。一体、どうしちゃったんでしょう？

記事によると、これは韓国だけでなく、他の先進国でも、似たような現象が起こっているのだそうです。たとえば日本では、先に挙げた1994年の170・9㎝がピーク。ちょうど、韓国人に追い抜かれたころですね。このピークは、遺伝的成長限界の地点で、この地点を越え、平均身長をもっと上げようとしてたくさん食べても、これ以上背は高くならず、太るだけ。実際、韓国の青少年の肥満率は高くなっており、1980年代は2％だったのが、1997年は6％、2007年には11％に。また、1997〜2004年の間の身長の伸びは1・8㎝だったのに対し、体重は4・2kgも増えたとか。食べた分だけ伸びればいいけど、そうはいかないのですね。

平均身長の伸びの停滞原因は、他にもあります。カロリー過剰摂取になると、第二次性徴の時期が早まり、その分第二次性徴の終わりが早く来てしまい、成長が早めに止まること。また逆に、過度なダイエットによる栄養不足も、原因のひとつだそうです。そして、韓国らしい原因だと思ったのが、睡眠不足と運動不足。今年4月、ソウル市の調査によると、高校生の平均睡眠時間は、たったの6時間12分。まるで高齢者の睡眠時間！　この数字、印刷ミスじゃないか、と思ってしまう。若い人がたったこれだけしか寝ないなんて、昼間眠くないんでしょうか？　韓国の学生は、よほど勉強に忙しいのでしょうね。

たしか、成長期って、就寝中に身長が伸びると聞いたような……これでは、大きくなれませんね。

また、運動については、韓国青少年政策研究所の調査によると、小学5、6年生、中学生、高校生の3分の1が、「1週間に30分も運動しない」と答えたとか。

今はどうかわかりませんが、日本だと、運動部じゃなくてももっと体を動かす機会があるはず。好き嫌いにかかわらず……10代のときにほとんど運動しないなんて、身長どうこうより前に、健康に悪い！

それでも、日本人より体格がよく見える韓国人、特に男性は、軍隊で鍛えられているということなんでしょうか。

２０１３年5月23日

## ◆韓国30代男性　健康注意報◆

あまり太っているイメージのない韓国人ですが、韓国紙では結構肥満に関する記事を目にします。先日も、特に30代の男性が危ない、と出ていました。韓国各紙によると、２０１３年12月25日、２０１２年に健康診断を受けた１１００万人あまりの検査結果やアンケート調査を分析した統計が発表され、30代男性の結果に最も問題の多いことが明らかになりました。

30代男性の肥満率は41・１％、喫煙率は52・８％（肥満率は、ＢＭＩ２５以上）。

一方、息が上がるくらいの運動を１日30分週5回以上実践している率は、5・7％。男性全体の平均は、肥満率38・1％、喫煙率42・2％、運動実践率8・4％。平均も、肥満と喫煙は高めですが、それにしても30代男性の数値は悪すぎます。また、もっと運動していそうですけど、かなり運動不足のようですね。30代男性の健康状態悪化の原因にまず挙げられていたのは、仕事が忙しすぎること。仕事が忙しいと運動する時間がなくなり、運動不足になる。また、仕事が忙しいとストレスがたまり、飲酒や喫煙で解消する。

まだ若く、あちこち不具合が出る年齢でないため、生活習慣の悪さを自覚しにくい。独身者も増えており、家族のために自分の健康に注意すると考える必要がない、などの原因も書かれていました。あと、徴兵制で入隊した軍隊で大きくなった胃に、運動量の激減する除隊後もたくさん詰め込むから、よけい太るのではないかと、よくうちで話しています。

男性の肥満率のピークは、30、40代。年齢が上がるにつれ下がっていき、70代で29・5％、80代は20・1％。韓国のおじいさんは、スリムなんですね。たしかに、太ったおじいさんって、あまり見かけません。一方女性は、年齢が上がるにつれ肥満率も高くなる傾向にあります。大浴場で、お相撲さんみたいにのっしのっしと歩くおばあさんたちのことが気になっていたのですが、記事を読んで、なるほどと思いました。

なお喫煙については、女性全体の喫煙率は3・3％。女性で喫煙率が一番高いのは、20代以下の6・3％、次が30代の4・0％。私がソウルに住み始めた2年前の春とくらべ、変わったなあと思うのが、女性の喫煙です。日本ほどは多くないですが、道端でスパスパ吸っている若い女性の姿を、2年前とくらべてもよく見かけるようになりました。ファッション？　ストレス？　これからもっと増えるでしょうね。私は個人的にタバコ嫌いなので、男性であれ女性であれ、あまり見たくない光景です。

（参考記事＝中央日報、東亜日報、朝鮮日報、毎日経済、２０１３年12月26日）

２０１３年12月28日

# 大気汚染に国境なし

## ◆韓国の大気汚染◆

寒くなるにつれ、韓国でも大気汚染のニュースが増えました。空気が汚れていることは、外に出なくてもわかります。窓を閉めていても、家の中にすぐホコリがたまる。しかも、ウールのセーターなど衣服や生活用品から出るものより、窓の隙間から入ってきた物質のほうが多い感じです。なぜ室内に、砂状のものが多いのか？　空気の悪い東京や大阪に住んでいたこともありますが、砂状のものが家の中にたまるということは、あまり経験がありません。しかも、床拭きをすると真っ黒。なんか、家の中でも深呼吸できなくなっちゃいます。

PM2・5は、韓国語で초미세먼지《チョミセモンジ》。直訳すると、超微細ホコリ。わかりやすいですね。PM2・5より粒の大きいPM10は、미세먼지《ミセモンジ》。韓国紙によると、ソウルのPM10は、ワシントンの3倍、東京の2倍。そして、韓国首都圏のPM2・5の平均濃度は、先進国の都市の2倍。ソウル25㎍／㎥、京畿道《キョンギド》32㎍／㎥。ニューヨーク14㎍／㎥、パリ15㎍／㎥なので、やはり高いですね。

濃度が高い原因のひとつは、中国。春は黄砂、冬は暖房用の石炭。中国の車の排気ガスや工業地帯から排出されるものからの影響も、少なくありません。しかし、いくら近いといっても、中国だけではなく、排気ガスや産業団地から出る大気汚染など、韓国自身の原因もあるようです。例えば、ソウルのPM10の61%は、自動車から出ているそうです。たしかに……東京のように駐車場代も高くないですし、容易に車に乗れる環境だな、と思います。公共交通機関が発達していて、しかも安いのに、近い所に出かけるのもすぐマイカーで行きますから。中国にしても韓国にしても、マイカー利用を減らせばいいのに……と、運転免許すらなく、バスや電車移動を不便に感じない私は思います。

今月初の中央日報によると、韓国の大気汚染は中国のせい、という韓国報道に対し、中国報道は反撃に出たようです。韓国自身の大気汚染だって原因なのに、中国のせいにばかりするな、と。大気汚染問題だけでなく、最近の中国での韓流ブームに乗じて、韓国のヤブ医者が中国に進出し、美容整形で大儲けをしているとか、サムスンなど韓国企業のアフターサービスが悪いとか。お互いの国の位置は変えられないのだし、責任をなすりつけあうのでなく、手を取り合って問題解決に当たればいいのに、と思うんですけどね。中韓が迷いなく手を取り合えるのは、日本がらみの歴史問題だけなんでしょうか？

（参考記事…中央日報、２０１３年11月4日、22日。朝鮮日報、２０１３年11月１日）

２０１３年11月25日

＊おまけ

２０１３年3月7日のブログ記事の一部に、昔の北京の空気について書きましたので、その話を。

１９８０年代半ば、私は北京に1年間留学していました。そのころも、工場からの大気汚染や黄砂、そして石炭の煙は問題ではありました。北京の冬といえば、私は石炭のにおいを思い出すほどです。もともと乾燥しているし、空気は決してよくなかったです。でも、当時はまだ抜けるような青空が見られました。特に、北京の秋はすばらしかったです。今と当時の一番の違いは、圧倒的に車が増えたことだと思います。もちろん、急速な経済成長で、工場からの大気汚染なども大きいでしょうが、それ以上に私が今の中国で深刻だと感じるのは、車の洪水です。

昔は、車といえば、首都の北京でも、バス、タクシー、その他限られた車だけでした。天安門広場は自転車の波、馬車も堂々と市の中心を走っていました。その時代に戻れ、というわけでは決してありませんが、あの人口の多さで車に乗る人が増えると、環境悪化は桁違いです。

大気汚染に国境はありません。日中韓はもちろん、国際的に協力し合ってどうにかしないと、私たちは国境に関係なく、空気の悪さで体をこわしてしまいます。

「秋高气爽《チウカオチーシュアン》」という中国のことわざがあります。天高く、すがすがしい秋の様子をあらわす表現です。とっくに死語になってしまったのでしょうか？　何とか、復活させたいものです。

２０１３年３月７日

## 驚きの美容整形事情

### ◆韓国　美容整形事情◆

韓国を訪れる外国人観光客の多くが、理解できないことにあげている「美容整形」。今回は、韓国の美容整形事情を、新聞記事をもとに紹介します。

イギリスのある経済専門誌によると、２０１１年、韓国では約65万件の美容整形手術が行われ、人口に対する美容整形手術の回数が世界一になったそうです（２０１３年３月４日東亜日報より）。手術件数は、もしかしたら実際はもっと多いかもしれません。

日本にいたときから、ずっと気になっていた韓国の美容整形事情。２年前ソウルに引っ越してきてから、ますますナゾが深まりました。バスの車内放送でもよく耳にする美容整形外科の宣伝。特に、江南《カンナム》に向かうバスは、多いです。ビフォーアフターの広告は、狎鷗亭《アックジョン》駅や新沙《シンサ》駅に特に多く、バスにも、同様の広告が堂々と貼られているのを時々目にします。

2013年3月16日の中央日報に、韓国の美容整形事情を詳しく紹介した記事がありました。結局、記事を読んでも、なぜ整形が多いのかはよくわからなかったのですが、一部を紹介します。

まず、記事に登場した人たちについて。両顎の手術を受けた、就活中の20代女性。お母さんは、娘の手術費用のため自分のインプラント手術を我慢しました。娘の手術後、「娘がきれいになることが、親にとって何よりの幸せ」と涙ながらに語りました。

記事を書いた記者の、「容姿に不満を持つ女性たちにとって、美容整形は最も合理的な投資」という文に続いて紹介された、ある美容整形外科医の言葉。「塾にたくさんお金をつぎ込んでも、皆がソウル大に行けるわけじゃない。でも、容姿は、投資した分だけきれいになれる」。私はここを読んで、こういう考え方もあるんだ、とびっくりしたのですが、勉強よりも皆平等に機会がある、ということなんでしょうか。

美容整形外科を訪れた、ある50代の女性。「家政婦の仕事を探すにも、老けてみえたら雇ってもらえない」。複数回整形した、ある30代の女性。「いまや整形は、化粧と同じで、社会人としての最低限の礼儀」。

さて、整形する部位の傾向は、世代によって異なります。10代は、「目」「鼻」。二重の大きな目、高い鼻にし、20代は、骨を削る大きな手術。頬骨縮小、えらの張った輪郭をスッキリ小顔にします。30代は、肌の若返り手術。若々しく、透明な肌のため、惜しみなく投資。ある美容整形外科医の話によると、「貴族童顔手術」への問い合わせが多いそうです（一体どんな顔になるのでしょう?）。また、20代で整形した部分を、30代に入って再整形することもあるのだとか。

40〜50代は、若く見せるための、瞼の手術。また、美しいボディラインを作るための脂肪吸引。なんだか、「親からもらった体を、むやみにいじっちゃいけない」なんて話は通用しなさそうです。価値観が、根本から違うのでしょうか。もちろん、整形に反対の人もいるとは思うのですが。

考え方については、記事を読んでも結局よくわからないままでしたが、顔（特に目や顎のライン）の似た美人が結構いるのは、美容整形と関係あるんだなあと再確認。あと、ソウルに来てずっと感心していたのが、中高年女性の肌の美しさ。……だったのですが、あれは、マッサージに熱心に通ったり、しみやそばかす、しわ、ほくろなどをとるからかなあ、と。

よく、日本人は、「韓国人は、韓国料理を食べるから肌がきれい」と言います。私も、以前はそう思っていたのですが、最近は必ずしもそうじゃないと思うようになりました。韓国料理はたしかに野菜もたっぷりだけど、塩分がとても多いし、とにかく調味料がたっぷり入っているので、逆に体に悪い部分もあるかもしれません。食べ物や生活習慣で内側からきれいになるというよりは、表面的にケアをしっかりしているから、つやつやなのかもしれません。

美容整形は、バラ色の人生への入口になるだけではありません。美容整形関連の被害の相談件数も増えていて、ある消費者保護機関へは、２００９年２０１１件、２０１０年２９４９件、２０１１年４０４３件。術後の副作用などで、自殺者も出ているそうです。

さて、記事には、急増する中国人美容整形観光も紹介されていました。仁川《インチョン》空港出国審査場では、パスポートの写真と全く違う「若い」中国人女性の多さに、２０１０年から「整形確認証」をチェック。出国審査で長く待たされるときは、そんな女性が前にいるからかもしれません。

２０１３年３月23日

## ◆美容整形で死亡……なんでそこまで!?◆

おととい２０１３年10月28日の朝鮮日報。両顎手術の女性また死亡、との記事が。ああまた、なぜ?と思いながら、読んでみました。

今月17日、女子大生Aさんが、釜山《プサン》のある美容整形外科で、手術を受けました。両顎と、鼻の手術。手術をした日の晩、突然意識を失ったAさん。近くの総合病院に運ばれましたが、すでに脳死状態。結局、意識が戻ることがないまま、９日後の26日に亡くなりました。

今年６月にも、ソウルの江南で顎の手術を受けた30代の女性が意識不明に陥り、一カ月後に亡くなっています。

顎の手術は、もともと受け口や口が突出していることにより、噛み合わせが悪く、食事など生活に支障が出るような場合に受ける、医療的な手術でした。しかし今は、細長いVラインをつくり、美しく生まれ変わりたい人が受ける美容整形としての手術が増えています。一説によると、韓国での両顎手術の件数は、年間約５０００件。医療事故も増加。美容整形による後遺症、医療事故で最も発生件数の多いのが二重瞼の手術で、次が鼻、その次が脂肪吸引。両顎手術はその次、と言われています。ただ、最初の３つは手術件数自体も多いので、手術件数に対する発生頻度からすると、両顎手術は多いのではないかと感じます。

美容整形の医療事故が絶えない原因のひとつとしては、顔の骨を削るという危険な行為を、あまりにも簡単に考えすぎる社会の風潮がある、と指摘されています。特に両顎手術は、術後口腔から出血し、血液が気道を塞いで窒息するという危険性があるそうです。こわいですね、本当に。でも、プチ整形のような、手軽にできるイメージのものも、危険です。数カ月前、韓国の深夜テレビ番組で放送していたのですが、目の回りに何かを注入する（その物質が何だったかちょっと思い出せないのですが）手術を受けた後、突然片目を失明した女性が何人かいるとか……。

ソウルでは、街を歩けば美容整形外科の建物はもちろん、看板、広告などが到る所に溢れています。バスの車体にも大きな広告がついてますし、地下鉄の駅通路にもあります。特に江南一帯は、すごいです。バスの車内放送でも、美容整形の宣伝は多い。私はほぼ毎日聞く羽目に遭っているので、かなりウンザリしています。家でも、韓国紙を開けば、必ず美容整形の広告がデカデカと載っていますし。しかも、しわ除去手術とか、中高年向けの広告が多い。老いも若きも……。

なんだか、美容整形は特別なことでなく、ごく普通のことになってしまっているのですかね!? でも、何でなのでしょうね？　危険を冒してまでやるなんて。韓国に住んでいて、ずっと理解できないままのことのひとつです。

今回の新聞記事も、「なぜ危険なのに美容整形手術を受けるのか？」という方向のことには言及せず、「危険な目に遭わないために、どんなことに気をつければいいか？」ということで、医療事故に遭わないための病院の選び方などが最後に書かれていました。ああ、そっちの方向か……とガッカリ。ここで、「人間中身が大事。中身を磨きましょう」と書いたところで、あまり意味がないような気もします。

でも、最後にひとつ。韓国で大ヒットした「観相《クワンサン》」という映画(観相というのは、容貌、骨格などから、その人の性質や運命などを判断すること)。映画の影響なのか、観相家がテレビに出たり、新聞にインタビュー記事が載ったりしています。

観相家いわく、「美容整形しても、観相をいいほうに変えることはできない」と。つまり、ムダだということですね。今後も、美容整形を受ける人は、増え続けるのでしょうか……。同じ顔の人が増えませんように。

2013年10月30日

# 日韓共通の問題　少子高齢化

## ◆韓国の少子化◆

少子化は、日本だけでなく、韓国でも深刻な問題となっています。韓国の子どもの数の減少をあらわす新聞記事が、今年4月と6月に出ました。まず4月19日の東亜日報の記事を紹介したいと思います。

記事によると、ソウル市内の小中高校生数は、１９８９年に２３０万１０００人だったのが２０１２年には１１６万１６００人と、23年間で半減。特に、小学生の減り方は激しく、１９８９年に１１４万７０００人だったのが２０１２年には50万２０００人と、半数以上も減っています。

ソウルの街を歩いていると、日本と比べて大学生、社会人など若い人が多いなあと感じるのですが、この数字を見ると、それより年齢の低い子どもは減っているんだなあと気づかされます。ソウルでは、子どもが元気に外で遊んでいる姿をあまり見かけないのですが、塾通いに忙しいからだと思っていました。でも、それだけじゃない。数自体が減少しているのですね。

地方の少子化はもっと深刻です。２０１３年６月19日のハンギョレに、「小学校１２１校　今年の新入生ゼロ　うち、全羅南道《チョルラナムド》36校など地方に集中」との記事が。

記事によると、韓国の小学校６２０３校（分校87校舎含）のうち、１２１校が今年の新入生ゼロ。

入学生1人の学校も、144校。新入生10人以下の学校は、1596校！　全国の小学校の4校に1校に当たります。いずれも、地方の学校が圧倒的に多く、特に全羅南道、慶尚北道《キョンサンプクド》、江原道《カンウォンド》の状況は深刻なようです。私は地方へは旅行でしか行ったことがないので、詳しいことはわからないですが、行く度に「人がいないなあ」と感じます。よく、田舎は子どもとお年寄りしかいないというけれど、子どももあまり見かけない。お年寄りしかいません。特に全羅道に行くと、さびれてしまった町並みにさみしい気持ちになることがあります。

韓国の人口一極集中は、日本よりも大きく、首都圏に全人口の約半分が住んでいます。全国的に見ても子どもが減っているのに、これだけ一極集中していたら、地方の小学校が存続の危機に陥るくらい子どもが減っているのも、当然のことかもしれません。

何とかならないのでしょうか？

ストレスの多い都会の小学生を、地方の小学校に留学させるとか。でも、地方の学校だからストレスが少ないとは限らないかな……。地方の学校の荒れた様子を、時々記事で見るので。日本でもそうですよね。

外国の小学生を、韓国の地方の小学校に留学させる！　日本にも共通する問題ですから、共に考えていきたいものです。

２０１３年7月24、25日

## ◆変わるお墓事情◆

旧暦8月15日の十五夜の満月「中秋の名月」。今年は9月19日です。日本では祝日ではありませんが、韓国では「秋夕《チュソク》」と呼ばれ、この時期は連休になります。

お墓参りをする秋夕を前にし、最近新聞で「벌초《ボルチョ》」という言葉を見かけるようになりました。漢字で書くと「伐草」。お墓の草刈りのことです。最近は、高齢化で草刈りをする人が足りず、外国人を雇ったり、コンクリートや人工芝のお墓に変えられたりしています。おまんじゅうのような形をしたお墓、土を盛り上げて作ったお墓「封墳《ポンブン》」は、韓国の地方に行くと目にします。これらは土葬のお墓で、ほとんどが火葬の日本から見ると実に韓国らしい風景ですが、手入れが大変なのだそうです。

新聞には、全羅南道珍島《チンド》でのお墓事情が紹介されていたのですが、珍島は住民の実に30％近くが65歳以上の高齢者。高齢者だけで手入れをするのはしんどいでしょう。また、ただ草刈りが大変というだけでなく、イノシシに荒らされるという被害も深刻で、コンクリート墓に変えざるを得ないのは、そういう事情もあるそうです。

韓国の火葬率は、大きく変わりました。１９５４年3・6％、１９８１年13・7％、１９９１年17・8％、２００１年38・3％。そして昨２０１２年は、72・1％。２００１年ごろ、私は日本の専門学校で日本語等を教えていたのですが、韓国人留学生から「韓国は土葬が主流です」と聞いたのが印象的でした。あれから10年ちょっとしか経っていないのに、今は韓国でも火葬のほうが多くなりました。

全羅南道は、2011年の火葬率が51・9%で、他の地域と比べ最も低かったのですが、今後は変わってゆくでしょうね。

(参考記事=ハンギョレ、2012年10月6日。毎日経済新聞、2012年11月26日。ハンギョレ、2013年4月25日。東亜日報、2013年9月5日)

2013年9月9日

◆進む高齢化&他人事ではない孤独死◆

韓国に住んでいて気になるのは、高齢化関係のニュースや記事が多いことです。今秋出された韓国統計庁の「2013 高齢者統計発表」によると、韓国の65歳以上の高齢者は600万人を突破。総人口に占める割合は、12・2%に。一方、日本の高齢者人口は3000万人を超え、総人口の24・1%(2013年4月日経のサイトより。2012年10月時点での数字)。高齢者比率で見ると、日本のほうが韓国の倍ですから、まだまだ韓国は若い人が多いと言えるでしょう。それでも、韓国の高齢化は急速に進んでいます。韓国の高齢者の総人口に占める割合は、２０３０年には24・３％になるだろうと予測されています。２０５０年には35～37％に達し、40％近くになると予想されている日本に続き、韓国は世界2位になるだろうと言われています。資料によって若干数値に差はありますが、いずれにしても、高齢者の割合が大きく増えることには変わりありません。

高齢化に関連して、最近気になるのは、孤独死や高齢者の自殺、認知症、老人虐待などの記事です。韓国では、一人暮らしのお年寄り（＝独居老人《トッコノイン》）が増加。１９９４年には老人の14％だったのが、２０１１年には20％に。その多くが女性です。老人の一人暮らしの増加に伴い、孤独死も大きな社会問題となってきました。

韓国は老人の貧困率が高いので、貧しさももちろん関係ありますが、必ずしもそれだけが原因とは限らないようです。外国へ移住する人も多い韓国では、子どもがみなアメリカに暮らし、一人江《カン》南《ナム》に住むお年寄りが孤独死するケースもあるそうです。

孤独死は、韓国語でも漢字は同じで、「孤独死《コドクサ》」。「나《ナ》 홀로《ホルロ》 죽음《チュグム》」とも言います。２０１３年11月8日の朝鮮日報に、孤独死関連の記事が大きく載りました。その半分が日本の孤独死に関する話です。孤独死、高齢化などの社会問題が日本で先に起きることが多いため、韓国では日本のケースを取り上げることが多いです。記事には、２００９年に亡くなった女優・大原麗子の写真もありました。大原麗子が亡くなった経緯について、詳しく書いてあるわけではないのですが、孤独死＝貧しい人とは限らない、裕福な、恵まれた人生を歩んだ人も例外ではないことの例として、載せられ

ています。また、孤独死を防ぐための日本の自治体の様々なアイデアや、遺品整理代行業が急成長しているという話題も出ています。

お年寄りの5人に1人が一人暮らしという韓国。記事の半分は、亡くなってから5年後に白骨化した遺体で発見された、1946年生まれの、釜山に住むハルモニ（おばあさん）についてでした。ハルモニは、誰とも接触せず、天涯孤独の人生だったのかというと、決してそうではありませんでした。取材チームが調べたところでは、ハルモニはボランティア活動もし、生活保護世帯でもなかったのです。後に離婚したものの、16年間の結婚生活も経験し、子どもも3人。ハルモニの最期が、なぜこんなに寂しいものだったのか、結局取材チームにもはっきりとはわからなかったそうです。

仏教徒だったハルモニ。家を借りるとき、家主に「家には荷物だけ置いて、生活はお寺で」と、告げていました。家賃も、3年間は直接家主に納めていました。直接払われなくなってからは、家主が保証金から家賃を差し引いていきました。生活はお寺で、と聞いていたから、そう不思議に思わなかったのかもしれません。保証金が底をついてから、家主が警察に通報したという次第です。

狭い共同住宅の部屋で発見されたときは、テレビも携帯電話もなく、亡くなったのが冬だったのか、上下全部で服を9枚も着込み、手袋をはめていました。日本では、「異臭がする」という近所の人からの通報でわかることもありますが、警察は、住宅が高い場所にあるのと、すぐ後ろが山なのとで、臭いでは気づかれにくかったのではないか、と話しています。

別れた夫はすでに死亡。40代の子ども3人は、いずれも遺骨の引き取りを拒否したため、結局自治体は、「無縁故」として処理しました。すぐに火葬すると、後で親戚がやってきて「なんで勝手に火葬した?」と抗議してくる可能性もあるため、仮埋葬し、10年後に火葬するのだそうです。

一人暮らしのお年寄りも、孤独死も多いソウルでは、「無縁故」者はいったん火葬し、10年後に500〜700人ずつひとつの墓に埋葬するということも、記事に紹介されていました。なんだか、悲しいですね。

以前切り抜いた孤独死関連の記事も紹介しようと思ったのですが、あまりにも気の毒なケースで、つらくて書きにくいほどです。お年寄りだけでなく、若い人の孤独死も、韓国では起こっています。

2013年12月11日、12日

## 共に考えたい　自殺問題

### ◆韓国の自殺問題◆

日本も自殺が多い国ですが、人口が日本の半分にも満たない韓国のほうが、日本より自殺率は高いです。特に、高齢者の自殺は深刻です。61歳以上の高齢者の自殺は、実に自殺者全体の3分の1を占めるそうです。新聞には、老老介護の末に心中した例が出ていました。心中は、韓国語では

「同伴自殺《トンバンチャサル》」といいます。

高齢者の自殺の主な原因は、経済的問題、病気、孤独、家庭内不和などが挙げられています。また、急速な高齢化との関係も指摘されています。医学の発達や経済発展などにより平均寿命がのびたことに対し、福祉的な対策が追いついていない。特に、長くなった老後生活への精神的・経済的準備が不足しているということです。これ以外にも、私は親子関係の変化も関係あるのではと思います。儒教の国ですから、年老いたら子どもに面倒をみてもらえるのでは、と外国人は思ってしまう。でも最近は、その考え方も崩れてきているようです。「独居老人《トッコノイン》」という言葉も紙面でよく見ます。老人虐待の記事も目にします。加害者は息子や娘、嫁など。施設に預けることは主流ではないし、そもそも施設があまりないなあとも感じます。世界的に見たら老人福祉の面で遅れている日本より、もっと大変だと住んでいて感じます。

ところで、韓国ドラマで自殺しようとするシーンに、川にかかる橋の上がよく出てきますよね。ソウルの漢江《ハンガン》にかかる橋には、「いのちの電話」がいくつも設けられています。その漢江のＳＯＳ電話機から電話がかけられた件数は、今年２０１３年１～６月の間に２１８２件。うち、実際相談にのったのは、４４９件。１日平均２・５人。漢江だけでなく、私が今年５月に訪れた江原道《カンウォンド》・春《チュン》川《チョン》（冬ソナで有名になった町）の橋にも、いのちの電話がありました。

子どもの自殺も気がかりです。先月（８月）末、ソウル市が市内の９～24歳１３２０人を対象にアンケート調査を行いました。それによると、４人に１人が「自殺衝動にかられたことがある」と答えたそうです。自殺衝動の動機は、最も多いのが成績、進学問題の29・5％。次いで孤独17・6％、家庭内不和16・1％。悩みは？　との質問には、容姿、身長、体重と答えた者が52・7％。勉強49・7％、職業、進路選択32・4％と続きます。性差も出ており、女子は容姿の悩みが60・1％もあり、勉強の悩みの51・6％を上回っています。男子は勉強が47・7％、容姿45％。若いときは、自分の見かけが何かと気になるものではありますが、それにしても、多いですね。美容整形が多いのも、こういう悩みと関係あるのでしょうか？

一番ほしい施設は？　との問いには、スポーツ関係施設が50％、文化施設41・1％。その他、キャンプ場、娯楽施設、公園……体を思い切り動かし、遊ぶ場所がほしいのですね。これって、子どもたちが自殺を考えるほどストレスを抱えることになる原因と、結びついているのではないでしょうか？

韓国の子どもは、運動不足です。将来優秀なスポーツ選手になりうる子どもは、幼いときからたくさん訓練を受けますが、選手にならない、なれない子どもは、運動する機会が少ないです。学校の体育の授業も少ない。スポーツ関係施設も、大人向けのジムや室内ゴルフは多いですが、子ども向けのものは多くない印象です。外で遊ぶ時間が少ないのは、治安の問題や、塾で忙しいことなどもあるのでしょうが、子どもの自殺率を減らすためにも、まず子どもが思い切り遊べる環境を増やしたほうがいいのではないかと思います。

（参考記事…ハンギョレ、２０１３年８月27日。毎日経済新聞、２０１３年９月６日、10日。中央日報

（2013年9月11日）

## ◆スーパージュニア・イトゥク　父、介護疲れの果てに遺書をのこし……◆

2013年9月11日、12日

韓流アイドルグループ、スーパージュニアのイトゥク（31歳、当時）の父親（58歳、当時）が、老親の介護疲れの果てに遺書をのこし心中するという悲しい事件が起きました。韓流スターには明るくない私ですが、他人事ではないニュースなので、今日は韓国紙の関連記事をもとに、このことについて書きたいと思います。

父のパク氏は、2012年4月から、自身のブログで、うつ病であることを何度も書いていました。1998年に離婚後、ずっと一人で老親を世話。数年前から、介護がしんどいと周囲にもらしていたパク氏。80代半ばのパク氏の父は認知症。70代後半の母は末期がんと認知症。一年前からは、知人との集まりにも出てこないほど、介護に専念していました。

パク氏は老親の介護だけでなく、自身が経営する会社も経営難に陥り、経済的にも苦しくなっていました。そんなパク氏にとって、子どもたちは何よりの生きがい。ブログ、ツイッターなどで子どもたちの写真をアップ。ファンの間でも評判のお父さんでした。2012年10月、息子の入隊後は、毎週手紙を書くほどまめな父親でもありました。

三人の悲しい姿が発見されたのは、今月（1月）6日朝。介護の負担を減らそうと同居していた身内によってでした。老親はベッドに横たわり、パク氏は首つり自殺。「両親を連れて行きます」という遺書がのこされていました。警察によると、亡くなったと思われるのは、発見される前日の5日の晩。パク氏が両親の首を絞めたあと、自らも命を絶ったのだろうとみられています。

日本でも老々介護が問題になっていますが、韓国でも深刻です。今回読んだ記事にも、認知症を患う家族と心中するという過去の事例が出ていました。そして、そういった事件は、施設に入《い》れず家でほぼ全面的に面倒を見るケースが大部分なのだそうです。施設に入れるのは、「親不孝」だと思う人がまだ多いようです。

実は、パク氏の老親も、6日介護施設に入る予定でした。施設に入れたら、やっと自身の負担も軽くなるのに……と私などは思ってしまうのですが、「親不孝」だと考える人にとっては、かえって悲しいことなのでしょうか。

韓国に住んでいて、こういった事件を知るたびに、胸が痛くなります。今回、有名人の親ということで大きく取り上げられたのですが、同様の事件で小さな記事をときどき見かけます。記事にならないケースも、きっとあると思います。日韓に共通する社会問題、気づいた人たちから協力し合っていき、なんとかよい方向にかえられれば、と願います。それが、亡くなった方への供養になると思います。

（参考記事…朝鮮日報、東亜日報、2014年1月8日）

＊「三人が交通事故で死亡」というニュースも流れましたが、間違いです。

２０１４年１月９日

## 韓国社会のひずみが見える

◆ソウル　ヘリ、高層マンションに衝突、墜落。なぜヘリは飛んだのか？◆

先週末２０１３年11月16日土曜日の朝。ニュースを見ていたら、速報が流れました。

「高層マンションにヘリが衝突、墜落」。

しばらくして事故現場の画面があらわれました。この時点では「１人死亡」でしたが、結局ヘリに乗っていた操縦士、副操縦士の２人が亡くなりました。２人とも、大統領専用ヘリの操縦もしていたことのある、ベテランです。

事故が起きたのは、高級住宅の多いソウルの江南。ヘリは高層マンションの24〜26階付近にぶつかり、21〜27階一帯のガラス窓などが破損し、破損した家の住民は付近のホテルに避難。住民のショックは大変なものと思いますが、住民の犠牲者が出なかったのが、本当に奇跡です。

事故機は、LGエレクトロニクスが所有するヘリで、この日朝、金浦《キムポ》空港を出発し、ロッテワールドや野球場などで日本でもおなじみの蚕室《チャムシル》の着陸場まで行く途中でした。まもなく到着、というところで経路からはずれ、事故に。速報を見た時点でまず私が疑問に思ったのは、「金浦から蚕室まで近いのに、なんでわざわざヘリで移動したんだろう？　しかも視界も悪いのに」ということでした。

後で知り合いを通じ、ヘリは金浦を出発し、蚕室で会社の役員を乗せ、全羅北道全州《チョンジュ》に行く予定だったということがわかりました。だけど、天気悪いのに……操縦士の息子（20代）の、記者たちへの話によると、視界が悪いため、金浦から蚕室に寄って全州に行くのは難しい、役員たちに金浦まで来てくれないか、と父は電話で会社と相談していた、と。ところが結局蚕室に寄ることになったということです。

これを聞いたとき、「韓国って、ここまでして上の言うことを聞かなきゃいけないのか！」と怒りがこみあげてきました。が、調べてみないとなんともいえないかも、と思い、今朝の韓国紙を点検してみました（韓国紙も、ほとんどが権力側だからなあ〜と思いつつ）。予想通り、息子の言葉を取り上げていたのは一部の新聞だけ。しかも、「最初は飛行は難しいと言っていた機長も、天候が回復したので出発できると、（機長の判断で）出発した」（と会社側は主張）と書かれています。

真偽のほどはわかりませんが……死人に口なし、だもんなあ。このまま立場の弱い者が原因みたいにされて、うやむやになっちゃうんでしょうか？　韓国では、日本ほど過去の事故や事件を振り返る番組や記事ってないし……歴史問題での日本に対する態度と、本当に対照的です。

それに、住んでいて感じるのですが、韓国は日本と比べ、明らかに自然災害が少ない。そのせいかどうかわかりませんが、万一の場合に備えるとか、用心深さがいまひとつ欠けている気がします。安全意識が薄いまま、高層ビルは増え続けるし、ヘリも増え続けるし。今後再び同種の事故が起こるのではないかと、心配です。

＊おまけ①

事故発生当時、韓国で専用（非事業用）ヘリを保有する企業はＬＧエレクトロニクスの他現代自動車、ＳＫテレコム、ポスコなど6社。サムスングループと大韓航空は事業用で登録。企業がヘリを持つ理由は、超多忙のＣＥＯたちの移動時間を少しでも減らすため。たとえば、今回事故を起こしたヘリが向かおうとしていた全州は、ソウルから車で3時間ですが、ヘリだと1時間もかからないそうです。

＊おまけ②

ソウルには、30階以上の高層ビルが３２２棟、50階以上が16棟あり、ロッテが蚕室に建築中のビルは、なんと１２３階建！のスーパータワーです。こうした建設中の超高層ビルが5棟あります。「地震がない」と信じられているからなのでしょうか？　土地が足りないから？　眺望がいいから？　高級感があるから？　ここまでいかなくとも、一般の住居にしても、本当に高層が多いです。でも、地震でなくても、今回のような人災で、いつ何があるかわかりません。これ以上、高層ビルを増やさないでほしいです。

（参考記事＝ハンギョレ、東亜日報、中央日報、朝鮮日報、毎日経済新聞）

２０１３年11月18日

第4章

# 楽しむ

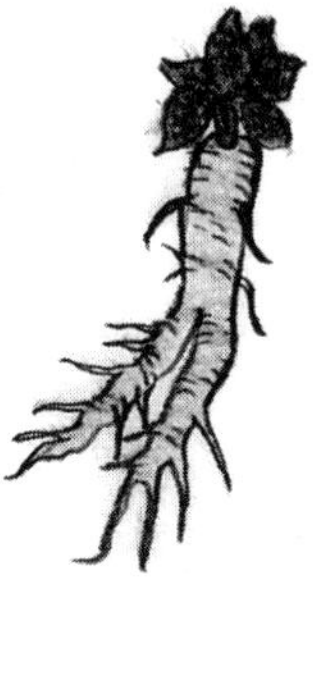

## 地方旅行の醍醐味

### ◆点ではなく線の旅◆

旅の楽しみは実に様々です。食、名所旧跡めぐり、ショッピング、テーマパーク、居心地のいい宿……。特に日本では、温泉が目的の旅というのも、多いですよね。私が特に好きなのは、移動中の風景です。車窓風景はもちろん、歩いて移動するときに見かける景色、土地の人。また、そこに暮らす動物たちとの出会いも、うれしいものです。

韓国滞在中、高速バスや鉄道で、地方旅行に行きました。国土の狭い韓国ですが、地方によって気候も風景も異なるのが、面白かったです。全羅道《チョルラド》の風景は、穏やかな印象。平らな土地が多く、田んぼが多い。山並みは、なだらかというか、丸い。ゴツゴツした感じのソウルの岩山とも違い、日本の山並みを思い出します。

慶尚道《キョンサンド》は山がちで、山並みも険しい印象があり、バスで移動していても、平野をのんびり走行というよりは、山の合間をすり抜けて移動するような感じです。全羅道と慶尚道、隣同士なのに、風景だけ見ても対照的です。

昨夏、光州《クワンジュ》から釜山《プサン》まで、半島南部を西から東に、ムグンファ号で約6時間列車の旅をしました。一番面白かったのは、列車が慶尚道に入ってから乗ってきたお客さんの話す言葉！　それまで3日間全羅道を旅していたのですが、その間耳にしていた全羅道の人のなまりと違う言葉を聞き、ああ～慶尚道に来たなあ、と実感しました。また、慶尚道に入り、晋州《チンジュ》を過ぎたあたりからだったでしょうか、単線が複線になり、トンネルも多くなり、なぜか速度もアップ。高層ビルも、増えました。全羅道では、ここ人が住んでいるのかな、という感じの風景を見てきたので、違いを強く感じました。

この半島南部の西から東への列車での移動、残念ながら海を眺めながらという楽しみはありません。海を見ながら移動するのは、半島東部を北から南、或いはその逆を通るほうがいいです。私も、今年1月蔚山《ウルサン》に行ったとき、帰りを遠回りして、江原道《カンウォンド》の江陵《カンヌン》までバスで出ました。海辺の風景を楽しみたかったからですが、これがえらいことに。

北上するにつれて雪が降り始め、道路が凍結。天気も荒れていて、とても車窓風景を楽しむどころではなかったです。きっと、もっと気候のいいときに乗ったら、きれいな海が楽しめたでしょうね。荒天でも、バスのルートが海の近くを走っていることはわかりましたから。

バスの運転手は、雪の日の運行にも慣れているようでしたが、途中凍結道で立ち往生する車を何台も見かけました。よそから旅行に来て、こわくて動けなくなってしまったんでしょうか。江陵からソウルまで、また寒い中バスで移動し、無事帰宅したときは、私もホッとしました。

家並みを見るのも、楽しいですね。

江原道束草《ソクチョ》で見た家並みは、ソウルともまた違うものでした。昔、中国の東北地方に行ったとき見たものと、何となく似ていたのです。実際に似ているのかどうか、私の記憶がごっちゃになっているだけかもしれないですが、なつかしい気持ちになりました。

済州島《チェジュド》では、傾斜のゆるい屋根がとても印象に残っています。台風が多い土地というのが、屋根からわかりますね。和歌山の潮岬に行ったときに見た屋根を思い出しました。

日本でも、屋根に注目して旅をすると、楽しいですよ。傾斜が急だと、冬は雪がたくさん降るんだなあとわかる。屋根の形状だけでなく、屋根に備えられたソーラーシステムからも、多い地域は日照時間が長いのかなあ、とその土地の気候がわかります。

お店の名前など、看板を見るのも旅の楽しみです。慶尚道・海印寺《ヘインサ》付近では、小さな田舎町なのに、「国際スーパーマーケット」「太平洋カラオケバー」。お寺のトイレは「国際化粧室」。日本でもそうですけど、田舎に行くとかえって国際的なネーミングに出会いますよね。

パリ、ロンドン、ハワイ……晋州では、「ロンドン愛犬ハウス」という（おそらく）ペットショップも見かけました。ロンドンとは、何の関係もないと思いますけど。ソウルでは、こういうネーミング、あまり見ないような気がします。

また同じく晋州では、「貴族茶房《クイジョクタバン》」という店を発見。「茶房」は、日本語でいうと喫茶店に近いでしょうか？　ソウルでは、いわゆるカフェのことは「카페《カペ》（カフェ）」か「커피숍《コピショプ》（コーヒーショップ）」といいます。茶房というのはほとんど見かけないし、「茶房に行きましょう」と誘われることもありません。延世大語学堂の古い教科書には、この茶房という単語が載っていますが、私が使っていた教科書には、さすがになかったです。

10年前に韓国を旅したとき、地方では喫茶店をあまり見かけなかったけれど、住んでいた3年間は、小さな田舎町でも、チェーンのカフェができていましたから、地方の「茶房」という名前も、いずれ消えていってしまうのでしょうか。あるいは、懐古趣味で復活するかも!?

そんなことにも注目しながら旅をすると、楽しいです。

２０１４年８月20日

## ◆光州事件の犠牲者が眠る　国立5・18民主墓地◆

２０１３年8月16日、光州事件の犠牲者が眠る国立5・18民主墓地を訪れました。

光州事件は、軍事政権下、全羅南道（当時）光州市で起きた民主化運動です。１９８０年5月18日、光州市で起きたクーデターに抗議する学生デモに対し、戒厳軍が激しく暴行し、それを見た市民が多数デモに加わりました。軍が発砲し、多数の死傷者を出しました。

そのとき私は高校3年生でした。近くて遠い国――大学入学まで、キムチの存在すら知らなかった私の韓国のイメージは、実に乏しいもので、韓国と聞いて思い浮かぶのは、金大中事件と光州事件、そして全斗煥の顔。当時韓国について報道されていた内容が、そのまま自分の韓国のイメージだったんですね。

特に光州事件は、こんな近くの国でなぜ……と恐怖感ばかりが募りました。でも、だからこそ、韓国滞在中一度は訪れてみたい場所でした。というか、訪れなければいけない場所でした。韓国滞在もそうそんなに長くないかも、と思い、行きたかったけれどまだ行っていない所へ、という私の願いが、やっと休暇の取れた夫の計らいで、実現しました。

行ってみて、韓国に関心がある人は、一度行くべき場所だと実感しました。

ソウルの博物館にも、近現代史のコーナーはあります。しかし内容は、輝かしい経済発展が主で、民主化運動については、「一応展示しましたよ」くらいしか紹介されていません。光州事件より後の民主化運動で亡くなった大学生の記念館が、ソウルの新村《シンチョン》にあるので、そういう所へ行けばいいのですが、よほど詳しくないとたどり着けないです。私はたまたま詳しい韓国人の案内で行きましたが、おしえてもらわなければ、存在すらわかりません。外国人にも行きやすいソウル市内の大きな博物館では、光州事件の痛みはとても想像できないです。

いまだに遺体が見つかっていない人もいるそうです。そういう人もまつってありますが、遺体が発見されていない犠牲者は、遺影すらない人が少なくありません。遺影を見ると、子ども、学生、お年寄り、お父さんお母さん……普通の人ばかり。本当に胸が痛みます。封鎖状態で食べ物にも困った当時、銀行強盗やスーパーなどでの食料の略奪も起こらず、みな食べ物を分け合って食べたという追慕館での説明書きに、言葉を失いました。

場所は、市の中心部からは離れていますが、中心部から518番のバスで行くことができます。私たちは、行きはタクシーで行きましたが、帰りはタクシー会社に電話をかけたところ、「そっち方面に今タクシーはありません」、ガチャッ。ということで、バスで中心部のホテルまで行きました。所要時間1時間弱でした。バス停名は、国立《クンニプ》5・18（オ・イルパル）民主墓地です。

光州事件のことは、恥ずかしながら、まだあまり詳しくないですが……関連ドラマや映画が、いくつか出ていますよね。私はドラマ『砂時計』（1995年）、映画『光州5・18』（2007年）、そして、昨秋韓国で『26年』を見ました。『26年』は、封切り前だったかしら、ソウル市庁前の広場でイベントがあり、ハン・ヘジン、チン・グ、ペ・スビンなど出演俳優の姿を遠くから眺めました。どしゃ降りでみな傘をさしていたし、よく見えなかったのが残念ですが、俳優さんたちの熱意を感じました。こういう作品も、ぜひ多くの人に見てもらいたいです。

2013年8月20日

## ◆慶尚道高霊《コリョン》　池山洞《チサンドン》古墳群◆

慶尚道の旅に行きました。まず大邱《テグ》から入り、沙也可の里・鹿洞書院《ノクトンソウォン》へ。海印寺《ヘインサ》に出て一泊し、次に慶尚北道《キョンサンプクド》高霊の池山洞古墳群を訪れました。ここは、古代の大伽耶《テガヤ》時代の都だった所です。この古墳群の存在を知ったのは、韓国紙の週末旅行案内の紙面でした。慶州《キョンジュ》とは違う風景に魅かれ、昨春一度訪れたのですが、ぜひもう一度と思い、今回行ってみました。

池山洞古墳群の特徴は、平野に古墳がある慶州《キョンジュ》と違い、尾根沿いに続いてつくられていることです。ふもとは小さな古墳が多いのですが、坂を上るにつれ、古墳の規模が大きくなっていきます。

昨春、古墳群の隣にある博物館で話を聞いたところ、古墳の大きさは亡くなった人の身分の違いをあらわしていて、身分の高い人ほど上のほうに葬られたそうです。古墳群のあちこちに、大伽耶時代の社会や文化などについて、解説の看板がたてられています。特に印象深いのは、殉葬についての説明です。その一部を引用します。

「殉葬とは、主人のため、人または飼われていた動物を殺し、主人の墓に一緒に埋葬する葬儀行為である。殉葬は、死後も生前と同じように霊魂が生き続ける、という継世思想から行われた。池山洞第44号墳からは、22名の殉死者が埋葬されているのが発掘された」

昨春、隣の博物館で解説員から聞いた話によると、殉葬された人々は、しっかりと密閉されていたため保存状態がよく、およその年齢や性別、どのように殺され殉葬されたかがわかるそうです。ここは本当に景色がよくて、韓国の中でも気に入っている場所なのですが、殉葬者のことを考えると、複雑な気持ちになります。

行き方ですが、海印寺からはバスで行きました。田舎でも、韓国のある程度の規模のお寺は、町とお寺をつなぐバスが出ています。海印寺から大邱行のバスは、ほぼ40分おきに出ていて、高霊のバスターミナルを経由します。田舎町の古くちっちゃなバスターミナルから古墳群まで、徒歩25分くらい。タクシーだとすぐですが、前回タクシーで行ったらぼったくられそうになりました。抗議したら正しい料金に下げましたが。今回は、乗る前にふっかけられたので、乗る気が失せ、歩いて行きました。地方の町を歩くのも、ソウルと違う景色が見られて楽しいですしね。

帰りは、高霊からソウルまで、高速バスを利用しました。道が混まなければ、3時間40分くらいかなあ。本数は少ないですが、ソウル—高霊は乗り換えしなくていいので助かります。眺望も抜群だし、ちょっと珍しい景色なので強くすすめたい場所なのですが、残念ながら、食べる楽しみが、いまひとつのようです。私がいいお店を知らないだけかもしれないのですが。宿も適当な所がわからなくて、昨春は釜山に泊まり、今回は海印寺付近のホテルに泊まりました。

海印寺から近いですし、海印寺付近に泊まって、お寺と古墳観光をセットにすればいいかな、と思います。あるいは、釜山か大邱に泊まってもいいですね。ソウル—高霊日帰りを考えたこともありますが、ちょっと強行軍かなあ……慶尚道も、ソウルから日帰りは安東《アンドン》あたりまででしょうか。

日本では、歴史に詳しい人をのぞいたら、高霊はあまり知られていないかもしれませんね。遺跡を巡る旅など、団体旅行で行った人はいると思いますが。日本ではなかなか見られない景色を見に、ぜひ一度訪れてみてくださいね。

2013年9月27日

## ◆高麗人参の里　慶尚北道榮州《ヨンジュ》&情《チョン》ドーナツ◆

韓国滞在残り3カ月を切り、夫から「帰国前にぜひ行っておきたい所は?」と聞かれ、答えた場所が、慶尚北道榮州です。

一昨年の秋、浮石寺《プソクサ》というお寺に行きました。東ソウルバスターミナルから高速バスで2時間半かけて榮州に着き、地元のバスに乗り換え、浮石寺へ。そのとき通りかかったのが、高麗人参をたくさん売っている場所でした。道路の名も、「人参路《インサムノ》」。

こんな場所があったんだ！

たしかに、韓国といえば高麗人参（以下、人参と書きます）だけど、産地がどこかとか、よく知りませんでした。そのときは日帰りで時間がなく、立ち寄るのをあきらめたのですが、ぜひ一度行ってみたいと思っていました。先日（1月2日）、念願かない行ってきました。

榮州のバスターミナルに到着後、豊基《プンギ》方面に向かうバスに乗り換え、豊基駅前で下車。豊基駅すぐの所に、人参市場があります。お腹がすいていたので、市場見学前に食事。カルビタンも、人参入りでした。参鶏湯《サムゲタン》よりあっさりしていて、食べやすかったです。

駅周辺は、人参関係のお店がいっぱい。道端でも売られていました。でも、ここの人参市場は、建物の中にあります。市場の名前は、「豊基人参市場」。中に入ると、人参の専門店がずらり。ゆっくり見たかったのですが、客が少ないこともあり、声かけがとにかくすごくて、立ち止まったら勢いで買わされそうでした。もし買ったとしても、自分ではうまく使えないので、見学のみ。でも、こんなにたくさん人参を一カ所で売っているのを見るのは初めてだったので、見るだけでもとても面白かったです。こういう風景って、日本では絶対見られないですから。しかし、こんなに同じような店ばかり並んで、商売成り立つんでしょうか？　フシギです。

豊基は、人参の生育に適した20℃以下の気温の日が多く、水はけがいいという気候風土。サポニン（溶血作用・強心作用・利尿作用・去痰作用などがある）が豊富で、質のよい人参ができるとか。人参の効用が気になって、ちょっと調べてみました。古くから、万病に効く「霊薬」として知られている人参。ストレス、疲労、うつ病、心不全、高血圧、動脈硬化、貧血、糖尿病、潰瘍……と実に様々な症状に効果があり、皮膚に潤いを与え、抗ガン作用もある、と。

食べていたら、病気にならない⁉　あ、でも、ときどき韓国の人から聞くんですが、熱を持ちやすい体質の人は、食べるとかえってよくないんだそうです。実際、「僕は食べられない」という話を聞いたことがあります。

さて、豊基で私がぜひ行きかった場所が、もうひとつ。「情ドーナツ」本店です。韓国紙や韓国のガイドブックなどで、榮州名物として必ず紹介されていて、一度食べてみたいなあと思っていました。ここのドーナツは、もち米を使い、普段食べているドーナツとは食感も違います。生姜、人参、ゴマ、リンゴ……韓国ならではの様々な種類のドーナツが楽しめます。私は特に、人参のが気に入りました。ドーナツをハサミで切って食べるというのが、韓国らしかったです。

２０１４年1月8日

＊おまけ
この記事を整理しながらふと思い出したのは、「人参」という言葉の使い方。私は記事の途中から、高麗

人参をただ「人参」と書きましたが、韓国では、日本人が普通に調理に使う人参を「당근《タングン》」、高麗人参を「인삼《インサム》」と使い分けます。インサムは、漢字で書くと「人参」。

中国でも、使い分けます。普通の人参は「胡萝卜《フールオポ》」、高麗人参は「人参《レンシェン》」。日本人からしたら、どっちも人参。中国に留学した日本人の学生が、市場で「人参《レンシェン》ください」と言ったら、通じなくて困ったそう、という話を中国人の先生が苦笑いしながらおしえてくれました。普通の野菜売場で薬用の人参くださいと言われ、お店の人もびっくりしたでしょうし、学生もなんで通じないか、不思議だったでしょうね。

2014年8月14日

## ◆古代も現代もわかる　蔚山《ウルサン》へ◆

1月3日、韓国南東部の蔚山に行ってきました。帰国直前になると、地方旅行は難しいと思い、行けるうちに、と。蔚山には知人がいて、知人への挨拶も兼ねての旅行です。今回、知人の厚意で、自分たちでは一日で回りにくい所に案内してもらいました。

まず、国宝に指定されている蔚山郡大谷里《テゴンニ》の盤亀台岩刻画《パングデアムガクファ》へ。遠くから見るとただの岩なのですが、先史時代の狩猟・漁業などの様子がわかる絵が刻まれています。現場では、望遠鏡でやっと見えます。近くに博物館があり、そこで岩に刻まれた絵について詳しく知ることができます。鯨、トラ、イノシシ、シカなどの動物や、船、もりなどの狩猟・漁業の道具も描かれています。特に鯨は、様々な種類が描かれていて、学術的に非常に価値の高いものだそうです。

岩刻画近くに、ビニールハウスを改造して作ったような食堂があったので、そこで昼食。魚でだしをとったスープが、とてもおいしかったです。こういう旅先の簡易食堂での食事が、意外と旅の思い出になったりします。

食後、蔚山博物館へ。この博物館の特徴のひとつが、産業史館です。

蔚山は、韓国の代表的な産業都市。現代自動車、現代重工業、ＳＫなど韓国の主な大企業があります。蔚山市内の大工場群を通ると、たくさんの大型車が走っています。ソウルより道もきれいだし、車もきれいに磨かれており、韓国の豊かさや経済発展の象徴的な都市だなあと感じます。平均所得もソウルより高く、韓国一とか。産業史館では、そんな蔚山の発展の様子がわかるように展示されています。

展示品の中に、菓子箱のようなものがありました。秋夕《チュソク》（中秋節）や正月の贈答品として使われたものを入れる箱なんですが、中身は何だと思いますか？　食品です。ただし、お菓子ではありません。お菓子の材料のひとつ？　答えは、最後に。

博物館見学の後は、蔚山倭城《ウェソン》に行きました。倭城は、秀吉の朝鮮出兵、壬辰倭乱《イムジンウェラン》（文禄・慶長の役）のときに日本が築城した日本式の石城。石垣が最もよく残っているのは、西生浦《ソセンポ》倭城です。西生浦倭城には2度行っているので、今回は行ったことのない蔚山倭城に。鶴城《ハクソン》公園という公園の中に、石垣が残っています。西生浦倭城ほどではありませんが、日本式のお城の名残ということが、日本人なら素人でもわかります。こういう場所を訪れる度に、もっと歴史を勉強しなきゃなあ、と思いますね。

夕食は、せっかく海沿いに来たので、海産物をいただきました。生ガキやウニ、ナマコなどが豪快にのる皿を前に、うれしい気持ちと、生ガキがあたったらどうしよう、という不安な気持ちと。でも、やっぱりうれしい気持ちが勝りますね。おいしかったです。お腹も大丈夫でした。韓国らしく、韓国醤油とわさびもどき、コチュジャンがついてきましたが、新鮮だったし、なにもつけないで食べました。いつも思うんですけど、生の海産物に赤いコチュジャンをつけたら、もとの味が消えてしまいます。これだけは、いくらコチュジャンを出されても、ゆずれませんね。

さて、産業史館で展示されている菓子箱のような箱の中身は、「砂糖」です。昔は、貴重品だったんですね。

２０１４年1月11日

＊おまけ

最初に蔚山に行ったのは、２０１２年2月。きっかけは、文中にも出てきた西生浦倭城です。ここは、加藤清正の指揮のもと築かれた城。日本のガイドブックでたまたま目にし、一度行ってみたいと思っていました。16世紀末の日本の城郭研究対象としても大変貴重で、日本からも研究者が訪れるそうです。場所は不便で、列車を降りてからタクシーで30分かそれ以上かかったでしょうか。でも、日韓双方の人にぜひ訪れてもらいたい場所です。

2014年8月15日

## ◆戦争の爪痕がのこる　鉄原《チョロン》　労働党舎《ノドンダンサ》◆

先日、江原道鉄原に行ってきました。鉄原のあるお寺に親しい僧侶がいるので、会いに行ったのですが、帰りにお寺のほうで車を出してくれて、バスターミナルに行く前、労働党舎に案内してもらいました。

鉄原の観光地図に載っている紹介文によれば、この労働党舎は第二次世界大戦後、北が共産独裁政権の強化と、住民の統制を目的に建設。朝鮮戦争が起きるまで、朝鮮労働党の鉄原郡党舎として使われたものだそうです（紹介文には、「悪名高き」場所と書かれています）。

朝鮮戦争の爪痕がのこるこの建物は、2002年、登録文化財に指定されました。現在、DMZ（非武装地帯）観光コースの中のひとつとなっています。

鉄原は、朝鮮半島を横断する軍事境界線の中央部に位置します。今は、韓国の北端にある田舎町という感じもしますが、古くから軍事的、地理的に見ても朝鮮半島の要衝でした。今も、「軍事」という面から見れば、あちこちに兵士がいて、歩いていても、何となく緊張します。写真撮影にも気を遣いますね（韓国の「北端」にある田舎町と書きましたが、韓国の天気予報では、韓国国内では北に位置していても、「北部地方」とは言わず、「中部地方」と表現します。こういった言葉の使い方からも、朝鮮半島の複雑な事情がわかります)。

鉄原はまた、穀倉地帯としても有名です。鉄原のお米はおいしいので、私もよく買っています。要衝でもあり、お米の産地でもある鉄原は、朝鮮戦争の激戦地。多くの犠牲者を出しました。生き残った人たちの中でも、北から来た人は分断で家に帰れなくなり、北の身内の消息もつかめないままです。その逆パターンもあるでしょう。労働党舎にのこされた、多数の銃痕。これを見るだけで、「戦争はいやだ」と痛感します。

鉄原を訪れるのは、2回目。前回は、白馬高地《ペンマゴジ》には行ったのですが、労働党舎は時間的に難しく、あきらめました。今回行ってみて、やはり一度は訪れるべき場所だ、と思いました。

2014年1月23日

＊おまけ

北と関わりのある場所は、鉄原以外では、2012年秋に臨津閣《イムジンガク》を訪れました。板門店《パンムンジョム》は、2004年に一度行ったのですが、必ずツアーに参加しなければならないし、手続きが煩わしいので、ソウルに住んでいたときは行きませんでした。臨津閣は、DMZに近い場所としては、旅券の提示なども必要なく行けるので、興味はあるけど手続きが面倒そうという人には、ここを訪れるだけでもいい体験になると思います。

ソウルの新村駅から京畿電鉄線で1時間ほど、終点の汶山《ムンサン》駅で降り、チケットを買って都羅山《トラサン》駅行きの列車に乗り換え、2つ目の臨津江《イムジンガン》駅で下車。駅から展望台や公園までは、歩いて行けます。展望台から北を臨むと、遥か向こうに北朝鮮の山並みが見えます。臨津江の南に設けられた「望拝壇《マンベダン》」は、先祖が眠る北の地に向かって拝む場所。直接墓参りに行けない人の気持ちは、どんなにつらいでしょうか。

臨津閣で長年働くある男性からお話を伺いました。故郷はたった数㎞先、なのに朝鮮戦争で避難してから、ずっと帰れないままだそうです。目の前にあるのに帰れない故郷。この方は、ここで様々な人たちを見てきており、お話を伺い胸が痛くなりました。でもその一方で、実に多くの国から多くの人が訪れているといううれしい話も。臨津閣を訪れた人々が、「平和」のありがたさを感じ、それが広がっていけばいいな、と思います。

韓国の人にとっては、遊びに来る場所でもあるようです。私が訪れたのは、ちょうど秋夕《チュソク》(中秋節)だったのですが、臨津閣公園には家族連れがたくさん遊びに来ており、広々とした草地の上で凧あげを楽しんでいました。付近の道路は大渋滞でした。

2014年8月18日

## ◆韓国地方旅行の思い出　江陵《カンヌン》・束草《ソクチョ》　きれいな海&幻の冷麺◆

完全帰国し、なつかしい場所はいろいろありますが、中でも江原道江陵、束草は、思い出深い場所です。初めて訪れたのは2006年、日本から冬に旅行で。当時は、ソウルから束草まで、バスで片道4時間ぐらいかかりました。でも、ソウルに住んでいたときは、トンネルができて3時間弱で行けるようになり、だいぶ行きやすくなりました。２０１１年秋の延世大語学堂卒業旅行で江陵、束草方面に行ったとき、移動時間が短くなっていて驚いたものです。道中トンネル、トンネルの連続で、車窓風景はそんなに楽しめませんが、バスから「38」と大きく書かれた看板を途中見ると、北に近いなあと、位置というものを実感します。

江陵、束草一帯は見どころは多いのですが、それはガイドブックなどにお任せして、私の印象の強かったことをご紹介します。江陵の話が少しで、束草が中心なので、ちょっとバランス悪いですがお許しを。

まず、江陵で私が好きなのは、何といってもきれいな海。語学堂の卒業旅行で行ったときは快晴で、明るいブルーの海でした。寒い地域の海というと、荒々しく色も黒っぽく、どちらかというと暗いイメージがありますが、ここは反対。砂浜もきれいで、海と砂浜の写真だけ見せられたら、「沖縄だよ」と言われても信じてしまいそうなくらいです。美しい海の風景は日本でも楽しめますが、韓国で見てみるというのもまたいいものです。

束草での楽しみは、展望台からの眺めと、アバイマウル。どちらも、高速バスターミナルから徒歩で行けます。地方旅行での悩みの種は、交通手段。住みなれたソウルと違い、地理もわからないし、タクシーに乗ればいいにしても、やっぱり不安。その点、束草では、現地に到着してから道もわかりやすく、徒歩だけで観光できるので、ありがたいですね。ソウルには何度も行ったけど、地方は一度も、という人も案外多いよう。ちょっと地方の雰囲気を味わってみたい人、おすすめです。

2012年秋に束草を訪れたときの話を——。

まず、展望台に向かう途中の道路標識が印象的でした。ロシア語の表記があったのです。ここの地理的位置というものを感じますね。ただ、ロシア行の船が出る国際旅客ターミナルは、閉鎖されていました。船会社がつぶれたのでしょうか？　そんなことも考えながら、展望台へ行くと、すばらしい眺望が待っていますよ。韓国南部の海を見るのとは、また違った味わいです。

この旅で一番行きたかったのは、アバイマウル。アバイは北朝鮮の方言でおじさん、おじいさん、マウルは村という意味です。朝鮮戦争のとき、北からの避難民が住み着いて、こう呼ばれるようになったそうです。もうだいぶ前のドラマですが、アバイマウルは『秋の童話』のロケ地。ドラマの古～い看板が、残っていました。ドラマでも登場する、アバイマウルに渡るための「ケッペ」という渡し舟も健在。ただ、今は橋で行き来できるので、ケッペに乗っているのは、ほとんど観光客でした。

さて、アバイマウルにどうしても行きたかったのは、ここの名物・冷麺とオジンオスンデが食べたかったからです。オジンオはイカのことで、スンデは米、野菜などを詰めて蒸した腸詰めのこと。

2006年に訪れたとき食べた味が忘れられなくて……。そのころは、「韓国旅行で一番おいしかったのは？」と聞かれるたびに、アバイマウルの冷麺とオジンオスンデを挙げていたほど。それくらい気に入っていました。

ところが、町の様子が様変わりしていました。夫が店の名前を覚えていたので、以前入った食堂にも何とかたどり着いたのですが、昔は小さく、傾いた床のボロい食堂だったのに、今は建て替えられ大きく立派な建物に。それでも、昔の味に再会できれば、と密かに期待したのだけれど……。あの爽やかで上品な味はどこへ行っちゃったの!? というくらい冷麺は味が落ち、甘ったるい食べやすいただの冷麺になっていました。オジンオスンデがまあまあだったので、ちょっと救われましたが。

もしかしたら、味は以前と変わっていないのかもしれません。私の記憶の中で、初めて食べたときの味が美化されたのかもしれないし、或いは韓国に暮らすようになり、味に厳しくなっただけかもしれません。イヤ、でもそんなことはない、もっとおいしかった、と思ったり。

知人からも、アバイマウルはだいぶ変わっちゃって、行ったらがっかりだよ、と聞いてはいました。実際、冷麺の味だけでなく、やたらとテレビで取り上げられたことを宣伝している店ばかりで、どこを見ても芸能人の写真と派手な文字の羅列。それが景観を損ねているようでがっかり。そのおかげで客が増え、田舎町が儲けているのなら、一旅行者が安易に批判できないのかもしれませんが、それにしても安っぽい看板が溢れているのは、長期的に見てマイナスかなあ、と思います。

また行ってみたいけど、もし行って、ますますケバケバしい看板が増えていたら、もう二度と行かなくなっちゃうかもしれません。それがちょっとこわいです。

でも、この束草の旅では、歩いている途中、かわいいネコとの出会いもあり、癒されました。とてもひとなつこくて、後をついてきたんですよ。犬ならよくあるけど、ネコではちょっとめずらしいかも。地方に行ってぶらぶら歩いていると、こういう出会いもあるし、ソウルとは違う家並みを見るだけでも面白いし、旅に「がっかり」はつきものだし、機会があったらまた行きたいですね。そして、おいしい冷麺屋を見つけたいです。

２０１４年８月19日

## 王宮の魅力

### ◆よく足を運んだ場所　景福宮《キョンボックン》◆

韓国の王宮の中でも､特に観覧客の多い景福宮。韓国を訪れたことのある人なら、一度や二度行ったことがあるでしょう。私も、ソウル滞在中何度行ったことか。日本やアメリカからお客さんが来たときは、必ず案内する場所でした。

家から近かったこともあり、一人でもよく行きました。といっても、有料区域は、よほど何か目的があるとき以外、一人では入りませんでしたけど、無料で歩ける場所は、よく散歩しました。

景福宮南西側にある国立古宮博物館あたりから入り、光化門《クワンファムン》のところをずっと東側に進み、観光バスが出入りする駐車場を抜け、いったん三清洞《サムチョンドン》に続く道に出ます。歩道を北上し、国立民俗博物館周辺まで。この辺は、昔の店を再現したコーナーがあり、韓国のレトロな雰囲気が味わえます。

陰暦8月15日の中秋節・秋夕《チュソク》には、無料観覧日があり、それに合わせて行きました。このときは、韓服を着た子どもたちがたくさん来ています。まるで日本の七五三のよう。家族との記念撮影の様子は、かわいらしく微笑ましい光景です。暑い夏がやっと終わり、ああ秋なんだなあ、と感じるときでしたね。5月と10月の夜間特別観覧も、楽しみのひとつでした。夜の王宮は、昼にはない幻想的な雰囲気。韓国に住んでいる間は、毎回行きたいなあと思っていました。

ところが、最初は観覧客も少なく静かだったのが、ネットや口コミで広まったのか、急増。ひしめき合い、騒々しくなり、厳かな雰囲気はどこへやら。入場待ちの長蛇の列、酒や食べ物を持ち込みどんちゃん騒ぎする人。収拾がつかなくなったのか、ついには入場制限がもうけられることに。ほとんどのチケットがネット予約になり、私は面倒になって行かなくなってしまいました。

最近ネットで調べたら、今夏7月30日〜8月11日夜間特別観覧が開催されるとのこと。入場は一日1500人。ほとんどがネット予約受付で、一部は当日券。当日券は、外国人枠もあるようですが、数はごくわずか。入場制限しなくても、気軽に行けるようになってほしいと思っていますが、当分は難しそうです。この夜間拝観もそうですが、韓国では、こうして多くの人が余暇を楽しむようになってから、まだあまり長くない。しばらく、試行錯誤が続くかもしれません。

美しい風景としては、雪景色の景福宮がおすすめです。寒いですけど、人出も多くなく、静かで、空気がピンと張りつめて、なかなかいいですよ。

＊おまけ

景福宮の北は青瓦台《チョンワデ》（大統領府）。引っ越したばかりのころ、景福宮の周りを一周しようと、一人で歩いていたら、おまわりさんから何度も、どこへ行くのかと、呼び止められました。それ以来、一度もぐるっと一周していません。

この周辺、本当におまわりさんが多いです。一度、三清洞のスジェビ（すいとんのようなもの）屋に入ったら、若いおまわりさんの集団が食事に！　おまわりさんってこうやって腹ごしらえするんだ、となんだか親近感がわきました。

２０１４年７月22日

## ◆よく足を運んだ場所　昌慶宮《チャンギョングン》　徳寿宮《トクスグン》◆

韓国の時代劇の舞台でもある王宮。ドラマにはまって、韓国の歴史に関心を持った人もいるでしょう。ドラマをきっかけとして、歴史上の出来事や代表的人物、王宮の歴史について詳しくなれば、実際に訪れたときも、より楽しめそうです。

でも、どこを訪れるにせよ、必ず予習していくというのも、ときに負担になります。王宮も、日本との関わりについて事前に勉強することはある程度必要だと思いますが、せっかくソウルを訪れたなら、もっと気軽に入って楽しむのもひとつの方法でしょう。歴史的にはいろいろ悲しい出来事があったけれど、今こうして旅行で訪れることができるのは幸せ、とそのありがたみを感じるだけでもいいと思います。

景福宮については先日書いたので、今回はそれ以外の王宮について紹介します。昌徳宮《チャンドックン》が光化門エリアに住んでいたので、どの王宮も遠くなく、身近な存在でした。日本人は、昌徳宮よりむしろ好みなのか、昌徳宮を訪れる人が結構多いようですね。私も時々行きましたが、昌徳宮よりむしろ隣接する昌慶宮によく行きました。

ここは散策に最適。春の花、新緑、秋の紅葉。どれも美しいです。夜のライトアップの時期も、何度か足を運びました。景福宮の夜間拝観もよかったけど、昌慶宮はより幻想的でした。同じく春の花や秋の紅葉を楽しむなら、徳寿宮もおすすめです。そんなに広くないけど、散策できますよ。ソウル市庁のすぐそばという便利な場所にあるので、時間がない人も、ちょっと寄ってみる、ということが可能です。敷地内にある美術館もいいので、ぜひのぞいてみてくださいね。カフェで過ごすのもいいですよ。

王宮に特別大きな興味はない、どの王宮に行っても同じ、だけどせっかくソウルに来たから、ちょっと雰囲気だけでも、という人には、慶熙宮《キョンヒグン》もいいでしょう。無料で入れます。慶熙宮は自宅から近く、歩いて行ける距離だったので、ちょっと散歩、というときによく行きました。すぐ近くにソウル歴史博物館があるので、ここセットで見てもいいかな、と思います。

景福宮は、お客さんを案内するために入ることも多かったのですが、それ以外の王宮は、一人で行くことがほとんどでした。でも、一人で行っても、あまり周りの目も気にならなかったです。それより、静かで、都会の中のオアシスという感じで、一人でもゆっくりといい時間が過ごせる、思い出の場所です。

2014年7月25日

## ソウル&ソウル近郊　行かなければもったいない　とっておきの場所

### ◆ステキな散策路　ソウル城郭《ソングワク》◆

山に囲まれたソウルは、見晴らしのいいステキな場所がたくさん。ソウル城郭は、特におすすめの散策路です。

ソウル城郭とは？　資料をもとに、簡単にご紹介します。

ソウル城郭は、全長約18・2㎞。朝鮮王朝初期の14世紀末に築城開始。15世紀と18世紀に大規模な改築が行われましたが、朝鮮王朝末期～日本の植民地時代に、平地の城郭は撤去されてしまいました。復元工事が進められ、復元された所は、公園や散策路として親しまれています。

ソウル北西部のうちの周辺でも、復元された城郭を目にします。一度、復元工事中の城郭のそばを歩いていたら、はじかれた石が目の前に飛んできて、びっくりしたことがありました。もうちょっとで、私の眼鏡か頭を直撃するところでした。

ソウル城郭は、ソウルタワーのある南山《ナムサン》に行ったことのある人なら、城壁を見た覚えがあると思います。南山もいいですが、城郭の北半分を歩いてみてはいかがでしょう。一度に全て歩くのは大変ですが、この中の一部分だけでも歩くと、ソウルらしい家並みが見渡せてとても気持ちいいです。

私は、東大門《トンデムン》〜三清洞北側の臥龍《ワリョン》公園まで歩いてみました。あまり休憩せず一人ひたすら歩くと、所要時間は約2時間。時間がない場合は、東大門〜駱山《ナクサン》コース、駱山から恵化門《ヘファムン》コースだけでも、雰囲気は十分楽しめます。駱山公園からは、花の絵の階段で有名な梨花洞壁画《イファドンピョックワ》マウルもすぐ。ぜひ寄ってみてくださいね。

交通は比較的便利です。私のように、車も運転できないし、一人ではタクシーに乗らない人でも、公共交通機関で十分行けます。私はバスを使うことが多いですが、東大門はもちろん、駱山公園は大学路《テハンノ》の恵化駅、恵化門は漢城大入口《ハンソンデイプク》駅と、地下鉄の駅からも近いです。

恵化門から臥龍公園までは、途中城郭が途切れ、住宅街も歩くので、慣れないとちょっと道がわかりにくいですが、この住宅街もまた趣があります。

臥龍公園から成均館《ソンギュングワン》大学の前を通り、坂を下りると、道路から三清公園に入れる場所があります。

そこから公園内を下っていけば、三清洞に出ます。ここまで来れば、バスもタクシーもあるので安心。おしゃれなカフェで一服しても、ステキなレストランで食事を楽しんでもいいですね。

この東大門～臥龍公園は、ソウル城郭の北東部。次は、北西部の北岳山《プガクサン》ソウル城郭エリアを紹介します。

北岳山ソウル城郭は、身分証提示が必要な区間です。三清洞を起点とする場合、三清公園を北上すると、臥龍公園へ。臥龍公園を西にしばらく進むと、말바위《マルバウィ》案内所に到着。三清公園から直接マルバウィに抜けることもできます。公園内に、案内板が出ています。マルバウィ案内所で、外国人の場合はパスポートか外国人登録証を提示。身分証がないと、入れてくれません。またここで、申込用紙も記入。用紙は、日本語のもあります。

所要時間は、案内所から付岩洞《プアムドン》の彰義門《チャンイムン》まで、ゆっくり休憩を入れながらでも、大体2時間ぐらいみておけば大丈夫。アップダウンの繰り返しで、「散策路」と言うには、ちょっときついかも知れません。「山登り」じゃないですが、ハイキングくらいでしょうか。

身分証提示区間内は、飲食物は売っていないので、忘れず持って行きましょう。また、監視員があちこちに立っていて、写真撮影可の場所も限られています。ちょっと窮屈な感じですが、本当に眺めがよく、青瓦台や景福宮が北側から見渡せ、気持ちがいいです。

なお、彰義門からスタートすると、いきなり長～い急坂を上らなければなりません。運動にはなるけど、結構きつい。それを避けるには、マルバウィ案内所から歩いたほうがいいです。ただし、急な下り坂も結構こわいです。この急な下り坂からは、ドラマ・コーヒープリンス1号店のロケ地だったカフェ・サンモトゥンイも見えますよ。

２０１３年4月21日、5月28日

＊おまけ

北岳山ソウル城郭は、入場時間が限られています。時間を過ぎると入れませんので、ご注意を。

２０１３年秋のパンフに書かれていた情報です。

4月〜10月＝9時〜16時、11月〜3月＝10持〜15時。

月曜日は休み。月曜日が祝日の場合は、翌日の火曜日が休み。30人以上の団体は、事前に申請が必要です。

入場時間その他のきまりは時々変動があるので、事前に調べていったほうが無難です。

ソウル城郭は、数ある見どころの中でも一押しです！　ソウルに住んでいる外国人も、案外知らないんですよね。韓国人の中にも、一度も行ったことがない、という人もいます。旅行で来るお客さんは時間がなく、なかなか案内できなかったのですが、住んでいる人たちには魅力を知ってもらいたく、よく案内しました。帰国して、特に懐かしい場所ですね。

２０１４年8月4日

## ◆通りを一歩奥に入ると別世界　仁王寺《インワンサ》◆

昨日午後、バスに乗って出かけるにはちょっと遅い時間。じゃあ近所で行ったことのない所へ行ってみよう、ということになり、仁王山《インワンサン》周辺で初めての道を歩きました。

景福宮南西側にある社稷《サジク》公園を抜け、仁王山登山コースの入口へ。この登山コースから頂上に行き、付岩洞《プアムドン》へ抜ける道は何度か歩いたのですが、今回は登山コースに入らず、独立門《トンニンムン》方面に向けてぶらぶら歩きました。

しばらく行くと、仁王寺というお寺が。仁王山の仁王寺ですから、あっても不思議じゃないお寺ですが、このお寺の存在自体、近所なのに、今まで知りませんでした。灯台下暗し、ですね。せっかくなので、じゃあお寺にお参りしよう、とお寺の門をくぐり、急坂をしばらく上ると、巨大な岩が二つ、目の前に出現。岩の名前は、韓国語で「선바위《ソンバウィ》」。「선」は「禅」、「바위」は岩のことで、「禅岩」です。禅岩については、説明書があったので、そこから一部引用します。

二つの大きな岩は、まるで袈裟を着た僧侶のように見えることから、「禅」の字が付き、「禅岩」と呼ばれるようになったという。昔は岩を崇拝する民俗信仰が盛んだったが、これもその一種である。この岩に祈念すると願いが叶うと思われた。特に日本の植民地時代、南山にあった国師堂がここに移転されたことにより、禅岩への信仰は、シャーマニズムと密着し、さらに強固になった。

シャーマニズムについては、私が若いころ初めて見た韓国映画に、ムーダン（巫女のこと）が出てきたこともあって、結構強い印象があります。でも、実際韓国に来ると、一番目につくのは教会。ムーダンは、過去のことなのかな、と思っていました。ところがこの日、禅岩の前で熱心にお祈りする中年女性の姿が。そして、仁王山頂上付近から、何やら怪しげな鈴のような音。見上げると、ゆらゆら揺れている人の姿が、かすかに見えました。ムーダンです！　今でも続いているんですね！　しかも、ソウルの街中からちょっと入った所で。

地図も持たず、適当に歩きましたが、禅岩近くにあった散策コース案内図をもとに、独立門方面へ。途中、磨崖仏がありました。磨崖仏の横には、「豚の頭を載せないでください」という注意書。街中でも、豚の頭の供え物を置いて、祭祀を執り行うところを見たことがありますが、もしこの仏様の前に豚の頭が置いてあったら、山の中だし、ちょっとコワイかも。

さらに歩いて山道を下り、階段を下りて行くと、突然車道に。地下鉄3号線独立門駅の近くです。急に現代社会に戻って来たような感覚でした。車がビュンビュン走っている横の階段の向こうは、シャーマニズムの世界。このギャップが、とても面白いです。道がちょっとわかりにくいし、人の多い登山道ではないし、昼間でも一人で歩くのは、ちょっと控えたほうがいいかもしれません。が、ギャップを楽しみたい人には、おすすめです。

ソウル、まだまだ不思議がいっぱいです。

2013年10月21日

## ◆ソウル郊外のおすすめ散策コース　南漢山城《ナムハンサンソン》◆

1月5日、南漢山城に行ってきました。南漢山城は、京畿道広州市《キョンギドクワンジュシ》、河南市《ハナムシ》、城南市《ソンナムシ》に広がる南漢山にある山城で、17世紀に中国の清が攻めてきた丙子胡乱《ピョンジャホラン》の際、仁祖《インジョ》(在位1623~1649年)が籠城した場所です。ソウル市では、蚕室《チャムシル》のある松坡区《ソンパ》から近いです。

私が南漢山城について知ったのは、韓国の知人を通してでした。知人の、韓国の中でも特におすすめの場所ということで、一度案内したいと言われていました。案内の条件が、行く前に金薫《キムフン》の小説『南漢山城』を読むこと。何とか読み、昨年11月連れて行ってもらいました。今回は、夫婦で。前回も寒かったけど、今回はそれに加え、ところどころ道が凍っていて、歩くのにちょっと気をつかいました。が、冬の散策もなかなかよかったです。

外国人にとっては、韓国旅行や歴史に詳しい人を除いたら、あまりなじみのない場所かもしれません。が、韓国人には人気の観光地で、駐車場は車でいっぱいでした。

知人によれば、一周すると大体4時間ぐらいかかるとのこと。景色のいい北門～西門～南門コースがおすすめだそうで、私は2回ともこのコースを歩きました。普通に歩き、写真を撮ったりちょっと休憩する時間を入れ、所要時間約2時間。道も整備されており、登山より散策といった感じで、気軽に歩けます。坂を上ったところに休み処（酒処？）が設けられ、多くの人が立ち寄っていました。思わず寄りたくなる、いい場所にありましたよ。私たちも、ここで韓国風おでんを。あったまりました。

散策しながらの眺めもいいです。ソウル市北部を歩くことが多いので、いつも北から南を見て歩いていましたが、南漢山城からは逆の景色。ソウルタワーを北に見、そのまた北に北漢山《プッカンサン》などが見える景色は、私にとって新鮮でした。

さて、散策の他に、南漢山城の大きな楽しみは、食事。城壁の中には、多くの食堂が集まっています。ちょっと時代劇の舞台に入ったような気持ちになる、雰囲気のある場所です。料理も、カエル、うさぎ、イノシシなど、野性味あふれるメニューの看板が、あちこちに見られます。私はちょっと苦手なので、地鶏料理を。
料理名は、한방닭백숙《ハンバンタクペクソク》。한방は韓方、닭は鶏のこと。백숙は白熟と書くんですが、肉や魚を水煮にしたもの。塩をつけていただきました。韓国料理って、味付けがしっかりしているものが多く、ときに食べるのがしんどくなるんですが、これはあっさりしているし、鶏肉の味がよくわかってなかなかおいしかったです。

２０１４年１月13日

＊おまけ
２０１４年６月、ドーハで開かれた第38回世界遺産委員会で、南漢山城道立公園が、ユネスコ世界文化遺産に登録されました。ちょうど、群馬の富岡製糸場が世界文化遺産に登録されたのと同じ時期ですね。今後は、日本からのツアーでも、南漢山城がコースに入ることが多くなるかもしれませんね。なお、個人でも、地下鉄８号線山城駅から、９、52番バスで行けます。

２０１４年８月５日

### ◆ソウル　思い出の場所　眺望抜群の散策路◆

旅行でソウルを訪れたときの楽しみって、一般的にはどんなイメージがあるのでしょう？　私は路線からはずれちゃっている人なので、ちょっと当たっていないかもしれませんが、やはりグルメ、エステ、ショッピング、観劇、市場めぐりなどでしょうか。韓流ファンの人には、コンサートその他、「ならでは」の楽しみ方がいろいろあるでしょうね。私はちょっとそっち方面はわからないですけど、もし好きなタレントでもいたら、ソウル生活はより充実していて、更年期なんか吹き飛んでいたかも!? と思います。

私がソウルならではでおすすめするのは、「眺望」です。住んでいてあちこち歩いて、その眺めのよさに魅了されました。ソウルタワーや63《ユクサム》ビルディングの展望台もいいですけど、建物としての展望台に行かなくても、ちょっと小高い場所に上れば、眺望のいいスポットは到る所にあります。同じ首都でも、東京ではこんな楽しみ方、絶対できません。お金もかからないし、ぜひそのよさを、多くの人に味わってほしいです。

私のおすすめの場所は、自分が歩いて知っている、ごく限られた範囲からの紹介にとどまります。また、住んでいた家の近所も、ちょっと坂を上ればすばらしい風景の所がいくつかありましたが、あまりにもわかりにくい場所なので、それはいつか現地で案内できる機会があればと思います。

今日は、ソウル滞在中にアップした散策路の記事をもとに、目印があって比較的行きやすい所を整理して書きたいと思います。

大好きで、何度も歩いたソウル城郭。眺めがいいのは言うまでもなく、花や新緑、紅葉も楽しみでした。親しい人たちと行ったのはもちろんですが、一人でもよく歩きました。帰国した今、よく思い出すなつかしい風景です。「ステキな散策路　ソウル城郭」で紹介したので、そちらもご覧ください ね。

ソウル市北部・付岩洞《プアムドン》にある、ドラマ『コーヒープリンス1号店』ロケ地のカフェ・サンモトゥンイ。バス停・付岩洞住民センターから坂を上り歩くこと約15分。歩道がなく、狭い車道の端っこを歩かなきゃならないのがちょっと疲れますが、車がほとんど通っていないときは、景色を楽しみながら歩けます。カフェの目の前まで運んでくれる公共交通機関がないので、タクシーで訪れる日本人観光客もよく見かけます。

ここは本当に開放的で、見晴らしがいいですね。他にも眺めのいいカフェはあるかもしれないのですが、私が行った中では、ここが一番よかったです。カフェからは、北岳山ソウル城郭もよく見えます。日本からのお客さん、ソウル在住の人など、親しい人をよく案内しました。私の回りは、案内するまでこのカフェはもちろん、付岩洞に行ったことがない、という人が多かったです。何年もソウルに住んでいる人から、「ソウルにこんな静かで見晴らしのいい所があったの!?」と驚かれる度に、一人心の中で「やった!」とニヤリ。

サンモトゥンイまでは何度か来ていましたが、その先は気になりながらも、行ったことがありませんでした。2013年秋、カフェの先の道を初めて歩いてみました。ちょっと奥に進むと、北漢《プッカン》山《サン》方面の景色が一望できました。この先は全く行ったことのない未知の世界。夕方でしたし、一応山の中ではあるので、もうちょっと進むか、引き返すか、迷いました。でも、景色がすばらしかったのと、「散策路」への矢印にひかれ、散策路を歩いてみることにしました。

散策路の名前は、北岳山《プガクサン》キル（＝道）散策路。八角亭《パルガクチョン》まで2㎞弱のコースです。完全な山の中ではなく、すぐ横をドライブウェイが走っています。紅葉が鮮やかで、本当にきれいでした。街中で見るより、発色がずっと鮮明でした。こんなにステキな散策路、今まで知らなかったなんて！ もったいない……でも、住んでいる間にわかって、よかったです。きっと、春もきれいだと思いますよ。

ほとんどアップダウンもないし、割合気軽に歩けるコースです。上り道は、付岩洞のバス停からサンモトゥンイまでぐらい。道路沿いなので、車がちょっと気にはなりますが、うんと山の中よりかえって安心。眺めは抜群ですよ。冬に入り、葉が落ちたら山並みがもっとよく見えるでしょうね。

八角亭に到着すると、ちょうど夕暮れどきで、空はいい感じの色に染まっていました。ここからは、南はソウルタワー、北は北漢山がよく見えます。あまり視界を遮るものもなく、とても雄大な景色です。夜景もきっときれいでしょうね。この日は休日だったし、ドライブコースだし、次々と車が駐車場に入って行きました。こんな観光スポットがあったんだ！ と新しい発見でもしたような気持ちになりました。

ここのカフェでコーヒーでも、と思ったのですが、真っ暗になる前にバス停のある所まで下りたかったので、三清閣《サムチョンガク》方面に向かって歩きました。ソウルタワーのある南山方面を見ながら下へ。道路も整備されていて、歩きやすかったです。ひたすら階段を下りると、三清閣付近に到着。ここで山道を出、車道沿いを城北区立美術館方面まで歩きました。ここまで来れば、バス停があります。

この日は夫婦で歩いたのですが、出発時間が遅かったので、一度明るい時間帯に歩いてみたいと思い、数日後一人で歩いてみました。今度は、八角亭で昼食。眺めのいい場所で食事をするのは、気持ちがいいですね。なおこのときは、三清閣のあたりからは、城北区立美術館には出ず、臥龍公園を通って、三清洞に向かいました。一人で歩いていると目立つのか、途中で女性グループから、「一人で来たの？」と声をかけられちゃいました。寂しい人に見えたかな……全然寂しくないんですけどね。

今まで書いたコースは、どちらかというと健脚向きで、時間に余裕のある方におすすめです。長時間歩くのはちょっと……でも、ソウルらしい風景を楽しみたい、という方におすすめなのが、バス。南山の「素月キル《ソウォル》」を通る402番のバスで、レンガ造りの家々やビル群、山並みを見ることができます。

私がこのバスに乗ったのは、江南《カンナム》から家のある光化門《クワンファムン》方面に戻るときで、本当に偶然でした。バスに光化門という行き先表示があったので、パッと乗っちゃったんですが、山をぐる～っと走るバスに、最初「しまったあ、えらい遠回りしちゃった～」と後悔しました。が、眺めがいいので、特に急ぎの用事がないときは、わざわざ乗って景色を楽しんでいました。ちなみに、時間がないときは、南山のトンネルを通る470か471番のバスに乗ったほうが速いです。時間によっては、渋滞に巻き込まれますけど。

素月キルを、一度景色をゆっくり見ながら歩きたいな、と思っていましたが、2013年9月に実現しました。402番のバスで、光化門の世宗《セジョン》文化会館から約20分、グランドハイアット・ソウル前で下車。ハイアットホテルから、明洞《ミョンドン》に近いケーブル乗り場まで、歩いてみました。ゆっくり景色を見ながら、歩くこと約1時間。小高い所を通る素月キルの横には、下に向かう細い階段や下り坂がいくつもあります。下りていくと、梨泰院《イテウォン》方面に出るでしょう。こういう狭い道や家並みを眺めながら歩くのも、魅力のひとつ。また、街を見下ろすように歩くというのは、面白い感覚ですね。いくつもの屋根が自分の歩いている道と同じ高さか、あるいは自分より低いところにあるというのは、ちょっとした空中散歩って感じです。坂の多いソウルだからこそ体験できることでしょうね。ただ坂の多さや道の狭さは、火事が起きたら消防車も入れないということで、古い街並みの大きな問題となっているようです。安全のため、いずれはこの風景も変わっていくのでしょうか……。

空中散歩は楽しかったけど、この道は車が多くて空気が悪いこともわかりました。どちらかというと、バスに乗って眺めたほうがいいかもしれません。

最後に、これはご存知の方も多いかと思いますが、三清洞のあたりも眺めのいい場所が多いですよ。ちょっと坂を上れば、すぐにそういう場所に出られます。時間がないという方にはおすすめです。カフェのテラスからの風景も、楽しいです。

山に囲まれたソウル。眺望を楽しまずに帰るのは、あまりにももったいないです。ソウルを訪れたら、ぜひ、すばらしい風景を楽しんでくださいね。

2014年8月9日

### ◆ソウル　思い出の場所　雰囲気のいい散策路◆

ソウルの雰囲気のいい場所……いろいろありますよね。タイプとしては、おしゃれなカフェやレストランの多い所、伝統家屋の建ち並ぶレトロな雰囲気の所。ソウルらしさを感じさせてくれる、にぎやかで活気溢れる在来市場のある所。

北村《プクチョン》、仁寺洞《インサドン》、弘大《ホンデ》、梨泰院、雰囲気がいいかどうかわからないけど、江南、明洞、新村には、よく行きました。観光のときもあったけれど、どちらかというと、ソウル居住者同士でお茶したり、食事したりの待ち合わせ場所として。でもブログでは、そういった場所の紹介を、ほとんどしてこなかったような気がします。よく知られている情報の多い場所だし、別に私が書かなくても、という気持ちもあったたし、自分にとってはあまりにも日常的でした。

でも、同じく日常的に行っていた場所でも、紹介した所もあります。多分、特にお気に入りの場所、ということもあったたし、ソウルに引っ越すまでほとんど知らなくて、自分にとって驚きと新鮮さがあったからでしょう。過去の散策路の記事を見ながら、その中でも、雰囲気がよくて楽しめる場所を2つ、改めて紹介したいと思います。

ひとつは、徳寿宮《トクスグン》キル。ソウル市庁のすぐ近くにある徳寿宮の南側から、貞洞《チョンドン》劇場の前を通り、江北貞洞《カンブク》ナンタ劇場あたりまでの並木道。とても落ち着いていて、レンガ造りの建物やかわいらしい喫茶店が静かに存在していて、歩いているだけで癒されます。

私にとっては、生活圏内でもあったので、実によく歩きました。北村や弘大もいいですけど、とにかく混雑していて疲れます。三清洞は、昔旅行で訪れたときは静かでよかったのですが、チェーン店がかなり増え、若い人が溢れているし、週末に行ったりしたら、目が回りそう。私と同年代の韓国人も、同じようなことを言っています。ソウル中心部って、だいたいにぎやかで人が多いので、いつもその中に浸かって生活していると、どうしても静かで落ち着いた場所を求めてしまいますね。

生活圏内にあった、もうひとつのステキな場所が、景福宮西側の西村《ソチョン》一帯です。古い家並み、老舗食堂、在来市場もあれば、こぢんまりとして落ち着いた感じのカフェやレストラン、かわいい雑貨屋さんもある、古いものと新しいもの、韓国っぽいものと洋風のもの、様々な要素が入り混じった魅力ある場所です。散策路というより、散策エリアですね。だいぶ前、旅行でソウルを訪れていたときは、西村のことは全く知りませんでした。もし、他のエリアに住んでいたら、やはり知らずじまいだったかも。近所なので歩いているうち、その魅力にはまり、特別用がなくてもよく歩きました。つらいこと、悲しいことがあったとき、寂しいときなど、ちょっとマイナスの気持ちのときも、西村を歩いていると、気が楽になったものです。いくつもある中から、西村をおすすめの場所として選ぶのは、自分の心とも密接につながっていた特別な場所、という理由もあるかもしれません。

西村の魅力は、雰囲気だけではなく、「食」の楽しみもあります。家から近かったこともあり、あちこち食べに行きました。その中で特に好きだったのが、マックククスの「ポンピョンマックククス」、ソルロンタンの「白松《ペクソン》」、真鍮の器が美しいカフェ「ノックルッカジロニ」（第1章で紹介）。マックスは蕎麦粉麺と上にかかった赤いソースや野菜を混ぜて食べるのですが、大好きな韓国料理です。ソルロンタンは、牛骨を長時間煮込んだスープに、あらゆる部位の牛肉が入ったもので、ご飯やきざみネギを入れて食べます。疲れているときも、ソルロンタンなら食べられました。

それと、通仁市場《トンインシジャン》のトッポッキです。トッポッキって、普通赤い汁にお餅が浸かっていますが、ここのはお餅を炒めたもの。赤いキルムトッポッキと白っぽいカンジャン（醤油）トッポッキの2種類です。私はこのトッポッキを食べてから、汁気のあるトッポッキを食べる機会は、めっきり減りました。本当においしいです。料理上手な韓国人の友人が、家で作ってみたけど、お店と同じ味がどうしても作れない、と言っていました。

また西村は、ちょっと坂を上れば、見晴らしがよく、山水画に描かれるような風景に出会えます。実際、山水画にも描かれています。西村から付岩洞へは、いくつかの道があるのですが、ハイキングコースになっている所もあって、そこを歩くのも楽しいですよ。

韓国では、西村のようなレトロな雰囲気と新しいものやかわいいものが同居したような場所が、人気急上昇です。私がソウルに住んでいた3年の間に、西村は週末若い人でにぎわう人気スポットになりました。お店も、行く度に増えてるという感じです。活性化はいいことですが、従来のよさが失われていくのでは、とちょっと心配。どうか三清洞のようにならないよう……と願うばかりです。

2つのおすすめエリアは、王宮とセットで観光できますし、食の楽しみもあります。歩いているだけで楽しくなるこのエリア、ぜひ行ってみてくださいね。

2014年8月10日

## 美術の話

### ◆国立現代美術館　柳宗悦展◆

今、徳寿宮《トクスグン》にある国立現代美術館で、柳宗悦展が開かれています。展覧会では、東京の日本民藝館の所蔵品から、139点を選び、展示しています。日本民藝館は、「民藝」という新しい美の概念の普及と「美の生活化」を目指す民藝運動の本拠として、思想家の柳宗悦（1889～1961年）により企画され、多くの賛同者の援助を得、1936年に開設されました。

「民藝」という言葉は、大昔からあったのではなく、柳が作りだした言葉。普通の生活で使われる、市場で売られている器など、いわば「安物」の品の美しさに魅かれた柳。

そういった物を指す名称が、当時「下手物」という言葉しかなく、もっと適当な言葉はないだろうか、と考え出したのが、「民藝」です。本展覧会では、このことの説明も書かれていました。昨年上映された『白磁の人』にもありましたが、柳宗悦が朝鮮美術に関心をもつきっかけとなったのは、浅川巧《あさかわたくみ》（1891〜1931年）から朝鮮白磁をもらったことでした。最初、西洋の美術に関心のあった柳は、東洋の美にのめり込んでいきます。

朝鮮美術の美の普及において、大きな存在だった柳宗悦。が、韓国では、そういった「正」の面と、「負」の面両方から見られています。柳をはじめ、日本の学者の、朝鮮の美を「悲哀《ピエ》の美」とする解釈に対し、韓国では、70年代以降、批判が相次ぎました。今回の展示では、「悲哀」についての説明がないのですが、そのことについて、先日（2013年5月28日）の朝鮮日報では、激しく批判しています。

「ただ日本民藝館の所蔵品を並べただけ」

「朝鮮の美＝悲哀の美と決めつけた事実の説明を省いた。これは、美術館の大いなる責任放棄だ」

感情にまかせて書いたような記事を読み、正直、「あーあ、またか」とがっかり。説明でこういうことを書き、教え込むのでは、いつまでたっても、見る人が作品から何かを自由に感じたり考えたり、できないんじゃないの？……なんて考えていたら、「悲哀」への言及がこの展覧会でないことについて、他紙には、美術館関係者の言葉が紹介されていました。

「今回の展示は、柳についての評価ではなく、彼の生き方と理論の形成過程を、ありのまま見せるのが目的」（東亜日報、2013年5月28日）

「評価は、見に来るお客さんに任せる、ということ」（ハンギョレ、2013年5月30日）

こういった文面を読んで、救われる思いでした。さて、私が行ったのは、昨日日曜日だったのですが、休日にもかかわらず、お客さんは大していませんでした。関心のある人が少ないのか、「悲哀の美」への抵抗があるのか……。

昨秋、同じ美術館で「大韓帝国皇室の肖像」展が開かれたときの混み具合とは、えらい違いです。でも、来ている人は、みんな熱心に展示を見ていました。中には、メモを一生懸命とっている若い女性も。そして、韓国の展覧会では、わいわいがやがやグループで来る人が多いのに、今回は、一人で来ているお客さんが多かったです。数は多くなくても、関心のある人に見てもらい、何かを感じてもらいたいな、と思いました。

正直、日本民藝館に行ったほうが、ずっと面白いです。でも、韓国でどう展示されているか、お客さんの反応はどんなふうかを知るのには、とてもいい機会でした。

2013年6月3日

## ◆付岩洞のソウル美術館　開館1年&開館までのいきさつ◆

昨2012年8月末、付岩洞に開館したソウル美術館が、まもなく1周年を迎えます。ソウル美術館を初めて知ったのは、昨年8月下旬のハンギョレ、東亜日報の紹介記事からでした。どちらも、伝統韓屋の写真が載っており、私はこの伝統韓屋が美術館なのかと思いました。私が写真で見たのは、石坡亭《ソクパジョン》。美術館自体は新しい建物で、石坡亭は美術館の３階、売店横の階段を上がると出る、屋上庭園のような感じの存在です。

ハンギョレによると、石坡亭は、もとは朝鮮王朝末期の文臣・金興根《キムフングン》（１７９６～１８７０年）の別荘でした。が、朝鮮王朝２６代高宗《コジョン》（１８５２～１９１９年）の実父である興宣大院君《フンソンデウォングン》（１８２０～１８９８年）が、金興根にここを売るよう要求。ところが大院君は断られます。大院君は、高宗と一緒にここに来て宿泊し、「君主が泊まる所に臣下は住めない」という理由で、結局金興根は石坡亭を大院君に渡さざるをえませんでした。

大院君が石坡亭を気に入り、何とか手に入れようと、無理やり泊まったのでしょうか？　このことは、いくつかの新聞を調べてみましたが、ハンギョレ以外には書いてありませんでした。

朝鮮王朝滅亡後、石坡亭は大変な運命をたどることになりました。朝鮮戦争後、孤児院や病院などに使用され、民間所有になってからは競売にもよく出され、所有者が何度も変わりました。そのような曲折を経て、ある企業家の所有となってから、美術館が建設され、昨年の開館に至りました。この、ある企業家とは、美術愛好家でもある、薬品販売会社の50代の会長。会長は、韓国の代表的画家・李仲燮《イジュンソプ》（１９１６～１９５６年）の絵だけでも30余点を所有するコレクター。会長が美術に関心を持つきっかけとなったのも、この李仲燮の代表作でもある牛の絵「황소《ファンソ》」でした。会長は、製薬会社の営業マンだったころ、明洞のある店の軒下で雨宿りをしていたとき、額縁を売るこの店の中を外から見ていたら、李仲燮の「ファンソ」をコピーした絵が目に入り、店に入って１枚購入

しました。妻にこの絵をプレゼントした会長は、「いつか本物のファンソの絵をプレゼントするから」と。そして、営業マンから薬品販売会社の会長になった彼は、夢を叶えた……ということなのだそうです。なんかドラマみたいで、ホントなのかな!? と思ってしまいますが。

２００７年、会長は石坡亭一帯の土地を65億ウォンで購入。もともとは社屋をつくるためでしたが、有形文化財として登録されている建物があるという理由で、美術館を建てるしかありませんでした。これも運命と思い、30余年集めた美術品１００余点を多くの人と共有する空間へと、ソウル美術館をつくったのでした。記事が、ドラマチックに描いている部分もあるかもしれませんが……。

私も今年1月、行ってみました。そのときの特別展は、文鳳宣《ムンボンソン》という画家の絵の展示で、迫力ある松の木の絵に圧倒されました。この特別展がよかったのと、石坡亭が気に入ったのとで、春～初夏の展示も見に行ったのですが、こちらは今ひとつで……。次の展示も、ネットで調べてみましたが、うーん……私は好きじゃない。日本の一部の美術館でもそうですが、いい展示を続けるのは、難しいですね。ただの「ハコモノ」にならないよう、願うばかりです。でも、常設展で李仲燮、朴壽根《パクスグン》（１９１４～１９６５年）など韓国を代表する画家の絵が見られますし、石坡亭の景色もいいので、一度行ってみてくださいね。

２０１３年8月1日、2日

## ◆一度見てほしい　金煥基《キムファンギ》の絵◆

ただの趣味ですが、美術鑑賞が好きです。韓国に一番最初に興味を持ったのも、日本の展覧会で韓国の陶器を見たのがきっかけでした。学生時代だから、もう30年くらい前？　いずれ韓流ブームが起きるとは、当時はとても考えられなかったですね。でも、韓国の近現代美術については何も知らず、一昨年ソウルに引っ越したときは、韓国近現代美術の代表的画家の名前は、一人も知りませんでした。

そんな私にとって、初めて気になった画家が、金煥基《キムファンギ》（1913～74年）です。たまたま韓国紙に絵の写真がいくつか出ていて、私は陶器と梅の花の絵に魅かれました。でもその後、語学堂の勉強で忙しく、そのままになっていました。そうしたら、一昨年末だったか昨年初だったか、金煥基の回顧展の紹介記事が作品の写真入りで何紙にも出ていて、もしかしてあの陶器と梅の花の画家かなと思い調べたら、そうでした。

展覧会会場は、景福宮東側にあるギャラリー現代《ヒョンデ》。気に入って、2度見に行ってしまいました。先月、同じくギャラリー現代で、金煥基生誕100年展が開かれていたので、それも見に行ってきました。

韓国の美術館の常設展示室では、金煥基の作品が数点展示されていることがあります。皆さんも思わぬところで巡り合えるかもしれません。また、付岩洞の煥基美術館に行くのもおすすめです。

常に金煥基の作品をたくさん展示しているわけではないし、常に面白い展示をしているとも限らないですが、美術館の建物自体がステキなので、一度足を運んでみる価値はあります。美術館周辺の雰囲気もとてもいいですよ。私は好きで、たま～に行きます。

　のちにパリ、ニューヨークに滞在した金煥基は、若いころ日本に留学しました。植民地時代日本で勉強した芸術家がどんな影響を受けたのか、個人的に関心があって、いくつか資料を当たってみました（といっても、研究者じゃないし、ちょっとさわった程度ですが）。

『韓国の美術家（한국의《ハングゲ》 미술가《ミスルカ》）』という韓国の本の金煥基の章に、日本留学時代の話があります。この資料によると、金煥基は、柳宗悦から日本美術史の講義を受けたそうです。資料の著者は、「もしかしたら、金煥基が陶器の絵など韓国的題材を好んで用いているのは、民藝運動で知られる柳宗悦の影響があったのかもしれない」と書いています。金煥基本人はもちろん、周辺の人々もそんなことは言っておらず、あくまで推測とのことですが、興味深い記述です。

2013年8月9日

## 思い出の博物館・美術館

### ◆思い出の博物館・美術館①国立中央博物館◆

韓国生活での大きな楽しみのひとつが、博物館・美術館通いでした。最も印象に残っているのは？と聞かれたら、間違いなく「澗松《カンソン》美術館」と答えるでしょう。が、行った回数が最も多いのは、国立中央博物館です。光化門エリアに住んでいたので、徒歩でも行ける博物館・美術館は家の周辺にもいくつかありましたが、それよりよく行ったのは、ちょっと遠いけどこの国立中央博物館でした。

家族が仕事で忙しく、週末も一人で過ごすことの多かった3年間。そんなときの行き先として、一人でも気軽に行って過ごせる国立中央博物館は、本当にありがたい存在でした。館内で食事もできるし、カフェもあり、庭もあるので、一日中過ごせます。入場料も、一部の特別展以外は無料。おみやげも、いろいろあります。ここで売られているパズルに、一時期はまっていたこともあります。

もちろん、展示に興味がなければ、あまり面白くない場所かもしれません。国立中央博物館のある二村《イチョン》は、日本人が多く住むエリアですが、二村に住んでいても、一度もこの博物館に行ったことがないという日本人もいると聞きます。

とても広い博物館なので、一日ではとても見切れません。住んでいて何度も通えるならともかく、旅行で訪れた場合は、端からひとつずつ見ていたら、特に見たいと思っていた展示品を見逃してしまうでしょう。できれば事前に、どんな展示室があり、どんな展示品があるかを調べ、見たいものをいくつか決めてから行くことをすすめます。

どの人も必見なのが、平常展示館3階仏教彫刻室の6世紀後半の半跏思惟像《パンガサユサン》。この仏像は、他の仏像とは別に展示してあります。気をつけていないと、うっかり通り過ぎてしまうので、気をつけてくださいね。

実はこの半跏思惟像は2体あり、1年ごとに展示替えされます。2体とも国宝で、国宝78号と国宝83号。国宝83号は、アメリカで展示されたのですが、海を渡るまでにひと悶着ありました。最初出展予定だった韓国側が、壊れるといけないから取りやめにする、と言ったところ、じゃあ展覧会自体を中止にする、とアメリカ側。それで結局アメリカに運ばれたのですが、どう梱包して運んだか、昨年ずいぶん大きく紙面に出ていました。

様々な展示室がある中で、私は、平常展示館1階の、時代ごとに分けて展示してある百済、新羅などの展示室を見て回るのが好きでした。特に、各時代の装身具を見るのが楽しみでした。昔の国際交流の様子を描いた地図を見たり、説明を読んだりするのも好きでした。

また、同じく同館1階の特別展示室も、期間限定でいろいろなテーマの展示をしていて、面白いです。ここの展示を見るのが目的で足を運ぶことも多く、時間があまりないときは、この特別展示室だけ見て帰ることもありました。

特別展示室の展覧会で、特に印象に残っているのは、2013年6～8月に開かれた『姜世晃《カンセファン》

（1713～91年）生誕300周年』展です。展示内容を、博物館の展示案内をもとに、紹介します。

――朝鮮の代表的な文人画家・姜世晃の芸術世界――

英祖《ヨンジョ》と正祖《チョンジョ》の安定した治世であった18世紀に生きた姜世晃は、詩・書・画の全てに通じた芸術家であると同時に、文芸全般に対する知識と眼目を備えた批評家でもあった。

今回の展示では、肖像画、代々受け継がれてきた家宝、山水・人物・花卉・四君子・書道の作品を網羅。彼が王に代わって文章を書き込んだ他の画家の作品と、同僚の画家の作品も展示。姜世晃を通じ、朝鮮のルネサンスと呼ばれ、大きく開花していた18世紀の文芸の一面を窺うことができる。

この案内文や、展覧会について書かれた新聞記事にあった、金弘道《キムホンド》（1745～没年不詳）の師匠であったとか、18世紀の芸術界のリーダー的存在だったとか、という部分を見ると、何だか華やかなイメージがあります。が、新聞記事には、苦労人の部分も結構書かれていました。それを簡単に紹介します。

姜世晃は、名門に生まれながら、兄の科挙試験での不正と逆謀により、官途を断たれ、30歳のとき京畿道安山《キョンギドアンサン》の妻の実家に。田舎で農業をしながら、中国の画譜を模写して過ごした。

出世は1773年、なんと60歳のときで、英祖の特命により、官職の道へ。次に即位した正祖に重用され、王族や王の肖像画を描いた。

展覧会では、自画像も展示されました。なんとも奇妙な自画像。頭には官帽を被っているのに、服は官服でなく平服を着ているんです。ある韓国紙では、「晩年になって官職に就いた自分のことを象徴するように、平服に官帽を被るという奇妙な姿の自画像を描いたのではないか」と説明していました。

肖像画、山水画、書……どれもすばらしく、見応えがありました。花や野菜、動物を描いたものもとてもよくて、しばらく見入ってしまいました。また、作品がよかったのはもちろんですが、説明文を読むのも、当時の時代背景や人物関係がわかって、とても面白かったです。韓国ドラマ「風の絵師」などで、朝鮮時代の画家が日本でも知られるようになりましたが、その一人である金弘道。この金弘道の師匠でもあった姜世晃が、金弘道をいかに高く評価していたかが、説明文からもわかりました。

先に書いた、韓国紙の紹介文では、京畿道安山で過ごした時代が、不遇の時代という感じで書かれていましたが、展覧会で安山時代の作品を見、説明文を読んでみて、安山で様々な芸術家と豊かな交流のあったことがわかりました。その時代あってこその、60過ぎてからの官職の道だったのですね。

姜世晃は、韓国を知る上での重要人物の一人、と個人的に思っています。図録も買ったし、美術史の本にも彼の紹介が出ているので、これからいろいろ調べてみたいです。

博物館や美術館に行くと、自分の興味のある世界が広がるので、それが本当にうれしいですね。

２０１４年7月28日

## ◆思い出の博物館・美術館②国立古宮博物館◆

家から最も近かった博物館が、ソウル歴史博物館と国立古宮博物館。ソウル歴史博物館も面白く、時々行きましたが、韓国滞在中、国立中央博物館の次によく通ったのは国立古宮博物館です。無料で気軽に入れるし、景福宮周辺を散策するとき、常設展だけぐるっと見て回るということもありました。

朝鮮王室の文化財を所蔵する国立古宮博物館。時代劇に出てくるような韓服や髪飾り、屏風などが見られますから、寄るだけで、ちょっと楽しい気分になりました。常設展示も好きだったのですが、特に楽しみにしていたのは、企画展示室で開かれる特別展。印象に残る展示は、２０１２年～２０１３年の年末年始の『徳恵翁主《トッケオンジュ》』展と、２０１３年夏に開かれた『美しい宮中刺繍』展です。

『徳恵翁主』展パンフレットから、簡単に紹介します。

朝鮮王朝最後の皇女である徳恵翁主（１９１２～１９８９年）は、高宗と福寧堂貴人梁氏《プンニョンダンクイインヤンシ》（１８８２

〜1929年）との間に生まれました。高齢になってから生まれた娘ということもあり、高宗は彼女を大変かわいがったそうです。

1925年、日本の植民地政策により日本に留学させられ、1931年には政略結婚させられるなど、本人の意思ではない生き方を強いられ、その過程で心を患いました。1955年離婚、1962年帰国。晩年は、日本の元皇族で梨本宮家に生まれ、高宗の第七皇子・李垠《イウン》の妃となった李方子《イバンジャ》氏らとともに昌徳宮で過ごしました。

展覧会では、韓服、装飾品、化粧道具などの他、徳恵翁主自筆の手紙も見ることができました。とてもかわいらしくきれいな字。誰が書いたか言われなければ、日本人が書いたものと思ってしまいそうになるくらい、流暢な日本語で書かれていました。それだけ徹底的に、日本化への教育を受けさせられたのだと考えると、ふと悲しくなってしまいました。

私が行ったのは平日午後でしたが、展覧会には多くの人が訪れており、関心の高さがうかがえました。たしか日本でも、徳恵翁主の伝記の翻訳本が出たと記憶しています。歴史をどうとらえるかは難しいですが、一人の美しい女性の一生を通して激動の時代を見てみるのも、いいと思います。

展覧会には、東京の文化学園服飾博物館所蔵の、徳恵翁主の衣装や化粧道具等の身の回り品53件が出品されました。それがきっかけで、一時帰国の折文化学園服飾博物館に行き、『明治・大正・昭和戦前期の宮廷服　洋装と装束』展を見ました。服装から激動の時代を見るというのは、なかなか面白かったです。

２０１３年夏の刺繍展では、朝鮮王朝時代を中心に、王室の服飾刺繍や小物などの生活刺繍、宮中装飾刺繍屏風など、優雅な品々が並びました。高麗時代の作品もあり、美しく品のある刺繍作品の数々に感動しました。作品そのものだけでなく、展示解説文の中にも、非常に印象深い内容がありました。当時の女性は、いろいろ行動が制限され、自分の実力を発揮できる機会が非常に少なかった。そんな中、刺繍は、女性たちが自分の能力を出せる貴重な手段だった、というのです。私は、そのころ生まれてこなくてよかったなあと思いながらも、刺繍作品の美しさの中に、当時を生きた女性たちのいろいろな思いが込められていると知り、急に作品に愛おしさを感じたのでした。

この二つの展覧会からもわかるように、国立古宮博物館は、展示内容がよく、解説もよかったです。解説のほとんどは韓国語ですが、韓国語が読める人にはぜひ解説も読んでほしいです。全部を読まなくてもいいし、全部を理解しなくてもいい。完璧じゃなくていいんです。でも、一つでも二つでもわかった、印象に残る解説文があれば、展示品の存在価値や展覧会の意義が、より一層深く刻まれるでしょう。

もちろん、言葉がわからなくても、展示品を見るだけでも十分面白いです。ミュージアムショップをのぞくのも楽しみでした。メモ帳やファイルのような気軽に買えるものもあれば、ちょっと気の利いたプレゼントを買うのにもよかったです。遠くまでお土産を買いに行く時間がなく、展示は見ずにお店だけ寄るということもありました。生活圏内にあった国立古宮博物館は、私にとって、博物館という存在を超え、生活の一部でした。

2014年7月31日

## ◆思い出の博物館・美術館③ギャラリー現代・ロッテギャラリー◆

ソウルに住んでいたころは、国立中央博物館のような規模の大きな博物館だけでなく、ギャラリーめぐりも楽しみのひとつでした。景福宮周辺や仁寺洞にいくつもあるので、観光やショッピング、食事で訪れたときに、寄ってみるのもいいと思います。

新聞の紹介を見て期待して行ったら、ちょっとハズレの内容だったかな、とがっかりして帰ることもありましたが、たまたま仁寺洞をぶらぶらしていたらギャラリーの案内が貼られていて、行ってみたらとてもよかった、ということも。その中で、時々通っていたギャラリー2つを紹介したいと思います。

ひとつは、景福宮東側にあるギャラリー現代。初めて入ったのは2012年1月、金煥基《キムファンギ》展のときでした。行きやすい場所でしたし、いい展示をすることが多かったので、何度か行きました。一番強烈な印象だったのは、やはり金煥基展。ここで金煥基の絵を見たことが、朝鮮王朝の絵画だけでなく、近現代の美術も面白そう、と思うきっかけとなりました。

『朝鮮時代の風俗画と春画』展も、衝撃的でした。春画に強い興味があったのではなく、展覧会の案内が韓国各紙に出ていたので、気になって行ってみたのですが、あまりにも露骨な描写にビックリ。朝鮮時代というと、儒教文化の色が濃く、どちらかというと禁欲的なイメージがあったので、余計に驚きでした。しかも、これってちょっと変態⁉　という内容のまであって……。展覧会だというのに、どこを見たらいいのか、何だか目のやり場に困ってしまいました。まあ、朝鮮王朝の知られざる一面を垣間見ることができ、勉強になりました。

もうひとつのギャラリーは、外国人観光客にもおなじみのロッテ百貨店にあります。百貨店内免税店の上階にあるロッテギャラリー。2012年秋には、ロッテギャラリーで、岡信孝画伯の『韓国・古宮の四季　日本画展――美の源流を求めて』展が開かれました。川端龍子を祖父にもつ画伯のこの展覧会では、景福宮、昌慶宮など韓国の古宮を描いた作品を展示。日本画が大好きな私は、日本の画家が描いた韓国の風景に興味をもち、行ってみました。

展示内容のすばらしさと同じくらい印象的だったのが、画伯の言葉。展覧会の題目の意味について書かれた画伯の文が、図録中の「展覧会に寄せて」にありました。それによると、題目に「美の源流を求めて」とあるのは、「この展覧会は私の作品を見ていただくと共に古代韓国からの文化の流れの中に日本の美が生まれてきたことを自分自身で見付け出したく」という気持ちからだそうです。私も、韓国の美にはただ魅かれるというだけでなく、何か自分の美的感覚のルーツをそこに感じることがあるのですが、それはやはり「源流」だからなのかな、と思いました。

韓国紙では、この展覧会の案内以上に、画伯が自身の朝鮮半島の美術品のコレクションを東国大学博物館に寄贈したことを大きく取り上げていました。展覧会でも、寄贈品の一部が展示されていました。

2013年夏にロッテギャラリーで開かれた『大統領揮毫《きごう》』展も、なかなか見応えがありました。この展覧会では、大韓民国歴代大統領の書を展示。書体には、大統領それぞれの性格や思想が表れているようで、それがとても面白かったです。

金泳三《キムヨンサム》（在任1993〜1998年）の太く紙いっぱいに書かれた字と、朴正熙《パクチョンヒ》（在任1963〜1979年）の細い字が対照的。朴正熙の作品は、どれもそうでした。でも、細いから弱々しいのではなく、何か鋭さを感じました。韓国紙によると、歴代大統領の中で、書体が最も高く評価されているのは、李承晩《イスンマン》（在任1948〜1960年）だそうです。

共通点は、みな達筆ということ。字が下手だと、政治家にはなれない⁉　日本の政治家の書は、どうなんでしょうね。

ロッテギャラリーは、いい展示をします。しかも、私が見たかぎりでは、いつも無料。でも、何度か行ったけど、混んでいたことが一度もありません。もったいない。免税店の上にありますし、買い物ついでにぜひのぞいてみてくださいね。

2014年8月1日

## ◆思い出の博物館・美術館④澗松《カンソン》美術館◆

ソウル滞在中の3年間、いろいろな博物館美術館に通った中で、最も印象が強いのはどこか、ひとつ挙げるとしたら、迷わず澗松美術館を選びます。

といっても、ソウルに引っ越す前から、澗松美術館の存在を知っていたわけではありません。それどころか、全く知りませんでした。２０１１年春に引っ越したころも展覧会が開かれていたはずなのですが、そのときは知らなかったので、行きようがありませんでした。

澗松美術館は、日本の植民地時代、朝鮮美術や文化財を収集、保存し研究に尽くした澗松全鎣《チョンヒョン》弼《ピル》（１９０６～１９６２年）のコレクションを展示する私設美術館。「澗松」は、彼の雅号からつけられました。澗松美術館は、金弘道《キムホンド》や申潤福《シンユンボク》（１７５８～没年不詳）の絵画など、韓国に関心をもつ人ならおなじみの画家の作品をはじめ、国宝、文化財などを所蔵。所蔵品は「国民の宝」ということで、入場無料です。

毎年春と秋の各15日間のみ一般公開され、そのたびに多くの人が訪れます。私は２０１１年秋の展示で、平日と週末2度足を運んだのですが、週末は、なんと3時間待ちでした。5度の展覧会に計6回行きましたが、並ばずに入れたのは、中国・明清時代の絵画のみの展示で、朝鮮王朝の絵が見られなかったときだけです。館内はいつも混雑し、おしゃべりしたり、スマホで通話しながら見ている人もいて、ただのミーハーかな？　という観覧客も来ているようでしたが、熱心に見入っている人も多くいました。

「ああ、この絵、学校の教科書に出てきたね」とうれしそうに話す人、子どもに絵ひとつひとつについて得意げに語る親……ここは、韓国の人の心のよりどころなのかな、と感じました。

実際、澗松美術館では、すばらしい作品の数々と出会いました。落ち着いた気持ちにさせてくれる山水画には、大きなものもあれば、小さな限られた紙面に描かれたものもありました。が、小さな紙でも、その描かれた風景は、海も山もはるか遠くまで続くようです。

ほっこりさせてくれる愛らしい動物や植物の絵。生き生きと描かれた風俗画。おじさんが大あくびしている場面、子どもが牛の横で気持ちよさそうに昼寝している場面……思わず笑ってしまいます。紙は古臭くて、いかにも昔の絵だけど、それを忘れ、描かれた人物が飛び出してきそうな感覚になります。酔っぱらいを描いた絵や、「双六三昧」なんて絵を見ていると、昔の人は飲んで遊んでだったのか⁉ と思ってしまったり。他にも、踊ったり奏でたり……もちろん、そういう場面が絵になりやすいから描かれたんでしょうけどね。

ソウル市北部城北洞《ソンブクトン》の、静かで落ち着いたいい感じの場所に位置する澗松美術館。作品もいいし、本当にお気に入りの美術館でしたが、ずっと気になることがありました。それは、建物の老朽化。展示ケースも古く、カーテンの隙間から日が当たり、いつも大丈夫かな？ と心配でした。その上、狭い展示室に人がたくさん入るので、見るのも一苦労。どこか他の所で見られるようになるという噂は聞いていたものの、私が帰国するまでに叶うのかな、と。

それが、２０１４年３月帰国ギリギリ、間に合いました。澗松美術館の所蔵品が、東大門デザインプラザ（ＤＤＰ）で見られるようになったのです。そのニュースを見たのは、２０１３年８月９

日の中央日報。１９３８年の開館以来、澗松美術館の所蔵品は、ごく一部の例外を除き、外部で展示されることはありませんでした。が、２０１３年8月8日、澗松美術文化財団理事長が、ＤＤＰを訪れ、ソウルデザイン財団代表と、次のような共同展示協約を結びました。それは、２０１４年春～２０１７年春の3年間協力関係を維持しながら、長期企画展を開くというもの。協約で明示された公開作品数は、２０００余点。一回の展示は3～6カ月間で、出品数は平均１６０余点。外で公開されることになり、日本から旅行で訪れたときにも、見やすくなりました。

帰国間際の２０１４年3月25日、ＤＤＰに行ってみました。澗松美術館は無料でしたが、こちらは有料。まずチケットを買ってから、展示室に入りました。平日昼にもかかわらず、多くの人が訪れていました。でも、城北洞の澗松美術館で見るよりは、広い会場で余裕をもって鑑賞できました。雰囲気は城北洞のほうがありますけど、いつも申潤福の絵を見るのに苦労していたので、このときはじっくり見られてよかったです。

なお、今後の澗松美術館の展示は、小規模な学術的な色彩のものになる、と２０１４年3月に見た韓国紙に書かれていました。

ところで、澗松美術館が最も心に残る美術館、というのは、いい作品を持っているからというだけではありません。この美術館を知ることによって、韓国をどう見るかについて、いろいろと考えさせられたからです。

というのは、ソウルに引っ越す前から、私は韓国語に興味があり、勉強していました。旅行でも何度か訪れています。でも、韓国の美術について、自分はどれだけ知っているだろうかと考えると、画家の名前もほとんど知らなかったのです。澗松美術館が、韓国紙でもしばしば話題になり、展覧会に多くの人が詰めかける様子を見て、もっとこういう視点から知らなきゃいけないんじゃないかな、と思うようになりました。

展示があるたびに通いつめたのは、やはり一番はすばらしい作品に会いたかったからですが、ソウルに住んでいる間は、少しでも多く韓国の美術について知りたいという気持ちからでした。それは、画家の名前を自慢げに何人もスラスラ言えるようにしたいからではなく、美術から韓国の人の心を知りたかった、という気持ちからです。

２０１１年春にソウルに引っ越したころは、まだ生活にも慣れておらず、韓国紙を読むのもまだしんどくて、見出しだけ見るのがやっとという状態でした。とても展覧会情報なんて得られません。夏に延世《ヨンセ》大語学堂に通い始め、生の文章が読めるようになって、家で取っていた韓国紙を見るようにしました。その中で、澗松美術館の展覧会情報をつかんだのです。が、どうやって行っていいのか……。そんなとき、語学堂の同じクラスの班長さんが、澗松美術館に行くツアーを計画してくれたのです。本当にありがたかったです。彼に連れて行ってもらったおかげで、その後一人でも行くきっかけができました。今でも感謝しています。

ソウル滞在中に、澗松の伝記も読みました。買ったはいいものの、朝鮮時代の画家の名前も多く出てくるし、美術史関連の専門用語も結構あるので、読むのが難しいかなと思い、長いことパラパラめくってながめているだけでした。が、どうしても澗松のことが知りたくて、がんばって最後まで読みました。思ったより、読みやすかったです。絵画や陶磁器などの写真も多いし、画家や時代背景についての説明もあり、素人でも読めるように工夫されていました。

主な時代背景は植民地時代ですから、日本人の私にとっては、読んでいてつらい部分もありました。でも、読み進めていくうち、日本人とか韓国人とか、関係ないと感じるようになりました。「澗松がんばれ！」なんて何度も思いながら読みました。国の宝を守るために一生を捧げたこと、その熱意や想いが伝わってきます。

大金持ちの家に生まれた人ですが、ただのコレクターではなく、収集品から朝鮮半島の歴史がわかるよう、とても深く熱心に勉強し体系的に収集したことも、本からよくわかりました。日本の植民地、そしてその後の朝鮮戦争……。一歩間違えたら命が危ないという時代に、国の宝を守ったのは大変な勇気だなあと、何度も涙が出そうになりました。

感動したのは、澗松本人に対してだけではありません。彼を応援していた周囲の人たちにもです。その人たちなくして、澗松美術館はできなかったでしょう。そして、日本の植民地時代には、澗松を応援していた日本人がいたことも、この本を読んで初めて知りました。

日本でも、澗松美術館のことをもっと報道してほしいです。北の脅威、反日感情、最近では韓国の事故報道……。そうしたことも大事じゃないとは言わないけど、文化財とそれを守った人という側面に、もっと光が当てられてもいいのじゃないか、と思います。

２０１４年８月７日

第5章

# 書く・話す

# 漢字からアプローチすれば　より身近に

## ◆日本語と韓国語　微妙に違う漢字語◆

韓国語の勉強をしていて、語彙的な面でとても助かるのが、漢字語が多いこと。年々衰えてゆく記憶力。それでも何とか、50代の私が勉強を続けられるのは、漢字語のおかげです。

延世《ヨンセ》大語学堂6級のとき、私が書いた卒論のテーマは、「より効果的な韓国語学習法——日本語と韓国語の比較を中心に」でした。論文を書く際、日本語と韓国語の漢字語の異同を見るため、5級の教科書の本文に出てくる漢字語の新出単語を調べてみました。すると、実に70％以上が日本語の漢字熟語と同じでした。たとえば、教科書の最初のほうだけ見ても、「지사《チサ》（支社）」「파견《パギョン》（派遣）」「적성《チョクソン》（適性）」「경쟁《キョンジェン》（競争）」「가치관《カチグワン》（価値観）」などなど。

漢字で覚えればいいので、その点は楽でした。一方、数は多くはないですが、「漢字で見たら意味はわかるけど、日本語ではそう表記しないなあ」と微妙に違う漢字語もあります。これが、結構面白い。微妙に違うからこそ印象に残り、忘れません。いくつか挙げてみますので、どんな意味か考えてみてくださいね。

（1）대체《テチェ》 휴일《ヒュイル》（代替休日）　（2）매표소《メピョソ》（売票所）　（3）원어민《ウォノミン》（原語民）　（4）저출산《チョチュルサン》（低出産）

（5）골다공증《コルダゴンズン》（骨多孔症）　（6）애완동물《エワントンムル》（愛玩動物）、반려동물《パルリョトンムル》（伴侶動物）　（7）유기견《ユギギョン》（遺

棄犬）（8）엔저《エンジョ》（円低）（9）직장인《チクチャンイン》（職場人）（10）거래처《コレチョ》（去来処）。

いかがでしょう？　見てすぐわかる簡単なものもあるし、ちょっと頭をひねるものもありますね。（1）は、振替休日。最近のニュースによると、来秋から実施される予定だそうです。（2）は、韓国を訪れたことのある人なら、誰でも一度は目にするのではないでしょうか。チケット売場のことです。日本語でも中国語でもこのように言わないけど、うまいこと考えたなあと、いつも見るたびに思います。（3）も面白い。ネイティブのことです。（4）は、少子化のこと。（5）は、健康関係の記事によく出てきます。骨粗鬆症。（6）は、ペット。最近は、「伴侶動物」を使うようです。ただかわいがるのではなく、共に暮らす仲間ということなんでしょうね。（7）は、捨て犬。ペットブームとともに、大きな問題になっています。犬だけでなく、捨てられたペットのことを、「유기동물（ユギトンムル　遺棄動物）」といいます。（8）は、円安。「円高」は一緒です。（엔고　エンゴ）（9）は、勤め人、サラリーマン。（10）は、取引先、得意先のことです。私は漢字を確認しただけでは意味がわからなかったのですが、日本語訳を見て、なるほど、と思いました。

2013年8月29日

### ◆「大韓民国」が読めない!?　韓国語と漢字力の関係◆

今日10月9日は、ハングルの日。国民の祝日なのかそうでないのか、うちにある韓国カレンダーも今日の日付が赤だったり黒だったりで、よくわからなかったのですが、どうも祝日のようです。

ハングルという文字は、すごい。その特徴は、日本でもいろいろと紹介されているので、専門家にお任せするとして、私が韓国語を勉強して感じたことを書きたいと思います。

日本人の外国語学習を「文字」の面から見ると、漢字表記の中国語、ローマ字表記の英語などは、他の文字と比べ勉強しやすいと思います。私は英語が苦手なので、あくまで「文字」という側面からだけですが。でも、タイ語を少し勉強したときは、文字で挫折しました。アラビア語も関心ないわけじゃないけど……うーん、文字が同じに見える。それを考えると、ハングルというのは、本当に学習しやすいです。私みたいに、40代半ば過ぎてからの開始でも、大丈夫。

よく、ハングルが読めない人が韓国に来ると、「○やー、□ばっかりで、ただの記号みたい」と言います。私も、初めて韓国を訪れたときは、ハングルが読めなかったので、そうでした。でも、その気になれば、比較的短時間でハングルは覚えることができます。私はまず、メニューから覚えました。

……と、ハングルの優位性はこれくらいにして、今日書きたいのは、韓国語と漢字力の関係です。数カ月前（6月？）ですが、東亜日報に、気になる記事が出ていました（ネットの日本語版でも翻訳記事が出たかも知れません）。

ソウル市内のある小学校3、4年生100人を対象に、漢字力の調査をしたところ、「大韓民国」が読めたのは、100人中48人。あまり使わない言葉ならともかく、自分の国の名前なのに……。

「讀（読）書」は、100人中23人だったというのです。「書く」のはもっと難しく、「學（学）生」が書けたのは、100人中13人。「明暗」が書けたのは、100人中5人。

「学」でなく「學」だと、日本の小学生も書けないでしょうけど、それにしても、出来の悪さは深刻です。同じ時期、朝鮮日報に「語彙力と漢字教育」という記事が出ました。それによると、今の学生は、「안중근《アンジュングン》 의사《ウィサ》（安重根義士）」の「의사」を、「医師」と勘違いしていたり、「야스쿠니《ヤスクニ》 신사《シンサ》（靖国神社）の「신사」を「紳士」と思っていたり、「이비인후과《イビインフグワ》（耳鼻咽喉科）」が、どこが悪いとき行く病院かわかっていなかったり!?という、ホントの話？と疑問に思ってしまうくらいひどい勘違いが起こっているのだそうです。

なぜこんなふうになってしまったか。原因は、何といっても学校で漢字を教える時間が非常に少ないことにあります。上記の朝鮮日報の記事によると、ソウル市では今秋から、小中学校の希望者に、教科書に出てくる漢字語を放課後に教えることにしたそうですが、それで足りるのでしょうか？実は、子どもたちの漢字力は両極化が激しく、できる子はとてもできるのだとか。そういう子どもたちは、漢字教育専門の塾に通っています。私も街中で、そういった塾の看板を見かけます。でも、これって公教育でしっかり教えるべきじゃないのかな？

韓国人が漢字を遠ざけがちなのは、自分たち固有の文字ではないという民族意識とも関係はあるでしょう。でもそれだけが原因ではないような気がします。もしかしたら大人も漢字力に自信がないから、学校での漢字教育が進みにくいのかも、とふと思います。語学堂の先生たちも、漢字、苦手だったもんなあ～。日本や中国の留学生に、遠慮がちに間違いを指摘されて、先生が困っていたことがありました。

前述の朝鮮日報の記事に、こんなことも書かれていました。「가분수《カブンス》」「인수분해《インスブネ》」が「仮分数」「因数分解」、「파충류《パチュンニュ》」「양서류《ヤンソリュ》」が「爬虫類」「両棲（両生）類」と漢字で表記することを、大人になって初めて知った。もし子どものとき、漢字表記を一緒に習っていれば、理数系科目の理解がどれだけ楽になっていただろうか、と。また、記事によると、韓国の国語辞典に載る言葉のうち、70％が漢字語で、教科書に出る用語に限ると、何と90％を占めるのだそうです。漢字をしっかり教えなければ、母語の力が落ちるのはもちろん、学力低下につながるのは間違いないでしょう。

英語の早期教育より、まず漢字教育じゃないか、と思います。決して漢字語のハングル表記を漢字表記に変えろ！　と言ってるのではないのですが、せめてハングル表記の漢字語を漢字でどう書くか知っていれば、おかしな勘違いは起こらないでしょう。

韓国語学堂で、上級クラスまで進むのは、日本、中国と、圧倒的に漢字圏の学生が多い。これは、韓国語に漢字語が多いことと大いに関係があるでしょう。こういう事実も、韓国人の漢字教育に参考になるのではと思います。漢字ができれば、日本語や中国語も勉強しやすくなりますね。

２０１３年10月９日

## ◆漢字でつながる日中韓◆

このように日本人は、韓国語を勉強するとき、漢字語にずいぶん助けられていると思います。でもときどき、日本語の漢字熟語ではなく、中国語から韓国語の漢字語の意味がわかることもあります。たとえば、「우표《ウピョ》」（郵票）。

中国語も一緒です。発音は「ヨウピアオ」ですが。日本語では「切手」ですから、表記も違いますね。中国語と同じ（というか、おそらく中国語由来の）韓国語の漢字語で、特に印象が強いのは、母方のおばを表す「이모《イモ》」と、父方のおばを表す「고모《コモ》」です。韓国語教室で習ったとき、もしかして、中国語と一緒じゃないかなと思って調べてみたら、やはりそうでした。漢字で書くと、同じです。イモは「姨母」、コモは「姑母」。中国語では、「イームー」、「クームー」（声調をつけていないし、カタカナでは表しきれないんですが）。イモとコモって、どっちがどっちだったか、すぐ忘れてしまうのですが、以前勉強した中国語と結びついてからは、すぐに覚えられました。韓国語の単語を覚えるとき、もしそれが漢字語ならば、漢字で覚えるとぐっと記憶しやすくなります。

数年前、ある日本の冊子のエッセイに、韓国人と結婚した日本人が、「韓国語で母方のおばは、イモ。日本語のサツマイモのイモと一緒ですね。日韓の言葉のつながりを感じます」なんて書いていてびっくり！　違います、発音の偶然の一致です。サツマイモとは、関係アリマセン。

他にも、中国語からわかった韓国語の漢字語があります。（1）환전《ファンジョン》（換銭）（2）인색《インセッ》（吝嗇）

하다《カダ》（3）첩경《チョプキョン》（捷径）（4）파업《パオプ》（罷業）（中国語では「罢（=罷）工」）（5）간첩《カンチョプ》（間諜）。

（1）は、両替所によく書かれていますよね。（2）～（5）は、主に新聞を見ていて出てきた言葉。私、これらは日本語にはないのかなと思ってたのですが、調べたら（1）以外は全て広辞苑にありました。（2）は「りんしょく」（けち）、（3）は「しょうけい」（近道）、（4）は「ひぎょう」（スト）、（5）は「かんちょう」（スパイ）。日本語の文章では、ほとんど見ないですけどね……自分の読書量が足りないだけ？　きっと、日本語の語彙力検定や漢字検定を受けたら、語彙力不足でひどい結果だろうな。

韓国語は固有語があるし、私は（2）は「구두쇠《クドゥセ》」、（3）は「지름길《ヂルムキル》」を先に覚えました。漢字語だとちょっとかたい印象ですよね。でも、日本語よりはこれらの単語を新聞記事なんかで使うような気がします。

恥ずかしい話ですが、「人口に膾炙《かいしゃ》する」も、先に中国語の「脍炙人口《クアイジーレンコウ》」で覚え、中国語固有の表現だとずっと思ってました。日本語で初めて目にしたときは、「かいしゃ」が読めなかったです。ちなみに韓国語では、인구《イング》（人口）에회자《エフェジャ》（膾炙）되다《トゥエダ》。

日中韓って、本当に漢字でつながってるんだな、と感じます。

2014年1月17日

## 面白い発見がいっぱい　語彙と表現

### ◆日本語と韓国語　微妙な違い――桜が絶頂!?◆

ソウルは、桜がとてもきれいな所です。韓国人との会話も、春は桜をはじめ、花の話題で盛り上がります。そんなあるとき、日本語と韓国語の単語の微妙な違いを感じる出来事がありました。

先日、桜について、韓国人と日本語で話していたとき、突然、「今ソウルでは、桜の花が절정《チョルジョン》です」と言われました。チョルジョン?……ああ、漢字で書くと、「絶頂」か! 相手の方から、「チョルジョン」は、日本語で何と言うか聞かれ、取りあえずノートに「絶頂」と漢字で書き、「ぜっちょう」とルビを振りました。でも、そのあとで、「日本人には、意味は通じるけど、ふつう桜が絶頂とは言わないです」と追加。「見頃」という表現をノートに書き加えました。

くり返しますが、韓国語が日本人にとって勉強しやすい理由は、文法が似ていることはもちろんですが、漢字語が多く、単語が覚えやすいことがとても大きいと感じます。たとえば、花に関していうと、「개화《ケファ》」は「開花」、「만개《マンゲ》」は「満開」。意味も一緒です。でも、お互いに存在するけど、使い方が微妙に異なる漢字語も意外とあり、この「絶頂」も、いい例です。意味は通じるのですが、やっぱりおかしな表現ですよね。

２０１３年４月30日

## ◆ソウルのバスの車内放送◆

ジェットコースターのような乗り心地、といったらちょっとオーバーですが、スリルのある韓国のバス。最初はちょっとこわいけど、慣れると、韓国はバス網が発達しているので、とても便利です。ソウルで、少し暮らしに慣れたなあ、と感じたのが、ちょうど一人でバスに乗って、どこにでも出かけられるようになったころでした。

そのソウルの路線バス、私はほとんど毎日利用するのですが、ずーっと何らかの放送がかかっています。車内では、次の停留所と次の次の停留所名を一度に放送するし、病院や塾などの宣伝も多い。バス乗降時の注意事項なんかも、必ず放送されます。

降りる人は、後ろから降りてください、前から降りると危ないですよ、とか、降りるときも、カードをかざしてください、とか。その中でも、私が毎日最低2回は聞く表現があります。通算で、多分100回以上聞いているでしょう。自分でも言えるようになってしまいました。抑揚もそのままマネして。どんな内容なのか、日本語に訳してご紹介します。

……乗客のみなさん、優先座席は、障がい者、お年寄り、妊婦など、交通弱者のための特別な席です。みんなで席を空けたり譲ったりしましょう。ありがとうございます。……

先ほど、病院や塾の宣伝も、車内放送では多いと書きましたが、本当に多いです。特に多いのが、美容整形外科。「両顎手術《ヤンアクススル》」という言葉も、バスの中で覚えました。両顎手術の宣伝で毎日聞く「ウォンジン美容整形外科」ってどこにあるんだろうと思って、思わず探してしまいました。ここで、ひとつクイズ。次の宣伝文は、何の病院でしょう?

제자가「오래 사세요~」라고 보낸 문자를「오래 사네요~」라고 읽었다고??

(チェジャガ「オレ　サセヨ~」ラゴ　ポネン　ムンチャルル「オレ　サネヨ~」ラゴ　イルゴッタゴ??

(弟子が「長生きしてくださいね~」と送ってきたメールを、「長生きですね~」って読んだって??)

答えは、眼科です。この後も文が続くのですが、狎鴎亭《アックジョン》にある眼科のレーシック手術の宣伝のようです。この宣伝も、よく聞きます。最初、何を言ってるかさっぱりわからなくて、「オレ　サセヨ~」「オレ　サネヨ~」ばかり耳についてしまい、一体これは何が言いたいんだろう!?と。この宣伝が入るたびに、気になって何度か注意して聞いたところ、眼科の宣伝とわかり、納得。バスの車内では、この他、運転手さんによっては、ずっとラジオを流しています。耳障りといえば耳障りだけど、時々面白い内容のことも。ただ、停留所名や、病院の宣伝などがしょっちゅう入るので、たびたび中断されてしまいますが。韓国語能力試験の聴解の練習をしているよりも、こんな日常の中にある、一見大したことのないような放送、宣伝を聞いているほうが、何だか楽しいです。

２０１３年６月５日

## ◆「美人計」に注意！◆

86ページでもご紹介した東亜日報の小さなコーナー、「休紙桶《ヒュジトン》」(紙屑かご、屑入れ)。街ネタや、地方の話題などが載っています。

おととい(2013年9月28日)の主人公は、牛でした。今日は、脱走牛の話の紹介です。今月27日朝、慶尚南道《キョンサンナムド》のある山のふもと。地元の人がつくった鉄柵に、牛が入っているのを通りかかった住民が発見。昨年末、キムさんの牛舎から脱走した、雄牛2頭でした。

脱走当時生後9カ月だった2頭は、野生化し、あばれてなかなか落ち着きません。消防隊も出動し、麻酔銃を打っておとなしくさせて、何とか無事に、飼い主のキムさんの元に戻りました。キムさん、「家出した子どもが帰って来たみたいにうれしい」。

村の住民たちは、脱走牛を捕まえるため、あの手この手を使ったけれど、いずれも失敗。牛たちがたまに山から村へ降りては来るものの、すぐまた逃げてしまうからでした。そんな中、ある住民のアイデアで、鉄柵を設けある仕掛けをしたら、脱走牛自ら柵の中に入って来たのでした。

ある仕掛けとは、「암소《アムソ》 미인계《ミインゲ》」。「암소」は牝牛、「미인계」は漢字で「美人計」。「美人計」、辞書には、色仕掛けとか美人局《つつもたせ》とか出ています。

牝牛を鉄柵の中につないで入れておいたら、野生化した雄牛たちは、牝牛に魅かれて柵の中に入ったんですね。
よほどの美人だったんでしょうか。動物も人間も、オスは一緒ですね。

2013年9月30日

**◆「花蛇」に注意！◆**

この脱走雄牛を自ら柵内に入らせた仕掛け「牝牛・美人計」。「美人計《ミインゲ》」の日本語の意味は、辞書で調べると「美人局、色仕掛け」と出てきます。あれ？　たしか、美人局って、「꽃뱀《コッペム》」じゃなかったかな？

「꽃」は花、「뱀」は蛇。本来の蛇の意味もありますが（ある特定の種類を指すのか、斑《まだら》模様の蛇を指すのか、よくわかりませんが）、「男性に意図的に近づき、身体をあずけ、金品を巻き上げる女性を俗っぽく呼ぶ言葉」（韓国の国語辞典から）という意味もあります。「美人局」は、日本の国語辞典では、夫や情夫とグルになって男から金品を巻き上げる女と出ているので、コッペムとは微妙に違うのかもしれませんが。
韓国で知り合い何人かに聞いてみると、コッペムは結構使わ

れる言葉みたいです。語学堂の教科書には、出てきませんけど。ある知人によると、「合意の上でラブホテルに行ったのに、男が寝ている間に写真を撮り、あとで写真を見せながら、金をくれないと家族にばらす、と脅かすようなイメージ」だそうです。日本でも、聞く話ですね。しかし、なんで「蛇」なんでしょうね？

では、最初に書いた「美人計」と「コッペム」は、どう違うのか？ 韓国人にたずねたところ、「美人計」は、文字通り美人を利用した「計略」で、「コッペム」は、美貌を利用し男をだます女、という「人」をあらわすんだそうです。韓国の国語辞典でも調べたら、「美人計」はまさにそういう「計略」という意味で出ていました。

いずれにしても、だまされないよう気をつけましょう。

２０１３年10月1日

## ◆パッチワークの時間◆

語学堂に通っていたとき、自宅でまとまった時間が取れない中、家事をしながら予習していました。中途半端な、細切れの時間を、韓国語で자투리《チャトウリ》 시간《シガン》といいます。

자투리は、布切れ、端切れ、시간は時間という意味。

パッチワークで使う布切れ（ピース）、といえば、わかりやすいでしょう。最初に「자투리 시간」

という言葉を見たのは、昨春のある韓国紙でした。

つつじが咲く公園内を、サラリーマンが列を作って歩く写真についての説明文。昼食後の短い時間をうまく利用して、ウォーキングをし、健康管理をしている、という記事でした。そのとき、「자투리」の意味がわからず辞書で調べたら、布切れと出ていて、面白い表現だなあと思いました。

「자투리」は、こんな使い方もあります。자투리 식재료《シクチエリョ》（食材料）。

もうおわかりと思いますが、中途半端に余った残り物の野菜なんかを指します。この言葉が出ていたのは、うちのマンションで各世帯に配られた、生ゴミを減らそう！ というチラシです。冷蔵庫にある残り物をうまく活用しましょう、と書かれていました。

こういう言葉って、教科書にはあまり出てこないし、調べてもなかなか出てこないので、チラシや新聞記事というのは、活きたいい教材です。

活きた教材、ということで、ついでにもうひとつ。今年6月、韓国紙に出ていた表現です。틈새《トゥムセ》 상품《サンプム》（商品）。틈새は、わずかなすき間のこと。そう、スキマ商品、ニッチ商品のことです。記事の内容は、韓国のデパートが、売上をのばすためにとっている方法について。日本人観光客に人気のある仁寺洞《インサドン》の店などにある、「ニッチ商品」をもっと誘致しよう、というものでした。日本人が目をつけた商品は、売れるからだそう。たしかに、韓国のデパートって有名ブランドばかり入っていてつまらないです。もっと個性があって、お手ごろ価格ならいいのに、といつも思います。

中国系の観光客は、韓国のデパートでいっぱい買い物をするらしいですが、好みが違うのでしょ

うかね⁉

## ◆韓国語　似て非なる外来語――「オピル」ってどんな意味？◆

2013年10月24日

先日、韓国語の文を読んでいて、見慣れない単語が。「어필《オピル》」です。「필」は漢字で「筆」とも書くので、ペンの種類かな、でも、文脈に合わないよな、と思って辞書で調べたら、「アピール」でした。外来語だったんですね。

日本語も外来語が多いですが、韓国語も外来語が多いです。호텔《ホテル》や 포인트《ポイントウ》 카드《カドウ》(ポイントカード)は、日本の外来語とも近いので、まだわかりやすい。투어《トゥオ》や헤어《ヘオ》は微妙だけど、慣れれば「ツアー」「ヘア」だとわかります。

韓国語は固有語・漢字語・外来語、すべてハングルで表記します。英語のように、固有名詞が大文字で始まるというような区別もありません。日本語は文字の種類が多く、学習者泣かせですが、カタカナなら外来語かなというように、文字の種類で固有名詞かどうかなどの識別ができるという点では便利です。

ですので、韓国語の文章を読むとき、たまに外来語とわからず、意味をとるのに苦労する場合もあります。以前、「골그릅《コルグルプ》」という言葉が出てきたときは、？？？

「걸」は「ガール」、「그룹」は「グループ」とわかったときは、一人苦笑い。後ろの「グループ」だけならわかったかもしれないんですけど、「コル」が「ガール」とは、ちょっと想像つきませんでした。「피겨《ピギョ》」も最初、さっぱりわかりませんでした。「フィギュア」です。フィギュアスケートの。

欧米人の名前の韓国語表記は、まあまあわかります。中国語で書かれたものよりはずっと、発音と人物が結びつきやすいです。でも、ときどき「?」なものも。「로버트《ロボトゥ》 카파《カパ》」、ロバート・キャパのことです。今年ロバート・キャパの写真展が光化門《クワンファムン》で開かれて、バスの車内でよく展示会の宣伝をしていました。その車内放送が、夫は「何度聞いても、ロボット・カバに聞こえる」と。

逆に、韓国人には、日本語の外来語がわかりにくいようです。「アップル」と言っても、すぐには通じません。韓国語では、「애플《エプル》」。漢字がわかる人には、漢字語のほうがずっと習得が容易みたいですね。もっともアメリカ人などに言わせれば、どちらも英語じゃない、と。マクドナルドは、韓国語で「맥도널드《メクドノルドゥ》」。あるアメリカ人は、「どっちも似ていない」と言いました。ちなみに中国語では「麦当劳《マイタンラオ》」。これが一番かけ離れているかも!?

韓国語の外来語表記は、出典によって微妙に異なることがあります。一応、辞書に載っていたものを書きました。また、韓国語や中国語の発音を、日本語で表すのには限度があります。多少のずれ、お許しくださいね。

2013年12月19日

## ◆韓国のお店でよく聞かれたこと◆

今日は、韓国の書店やスーパー、カフェでよく聞かれたことについてです。聞いたことのある表現が、きっと入っていると思いますよ。

「회원이세요?」《フェウォニセヨ》

直訳すると「会員ですか?」ですが、日本語だと、ポイントカードお持ちですか? みたいな感じでしょうか。

「봉투《ポントゥ》 필요하세요?《ピリョハセヨ》」は「袋、要りますか?」

これは、しょっちゅう聞かれますね。韓国では、レジ袋の有料化率が、おそらく日本より高いと思います。たいてい「袋はいくらいくらかかりますよ」と言ってくれるけど、何も言ってくれないレジ係もたまにいるので、気をつけましょう。韓国での買い物は、基本マイバッグ持参ですね。そうそう、ポントゥって、漢字では「封套」と表記します。

現金払いのとき、よく聞かれるのが、「현금영수증《ヒョングムヨンスズン》 필요하세요?《ピリョハセヨ》」です。ヒョングム……は、「現金領収証」。確定申告で使うんでしょうか? よくわからないのですが、私には必要ないので、もらいません。「일반영수증《イルバンヨンスズン》」(一般領収証)ください、と言ってレシートをもらっていました。

カフェでよく聞かれた中で、最初わからなくて困ったのが「머그《モグ》」。モグ??? やっと注文できたというのに、なんでもっと質問してくるの? コーヒー一杯飲むのが、こんなに大変なんて

……ここで、説明の上手な店員さんは、実物を見せてくれます。ああ、それに入れて！　と指さして解決。あまり説明が上手じゃない店員さんは、ひたすら「モグ　モグ」と繰り返すだけ。結局、使い捨て容器で出てきます。そう、モグは「マグ」。マグカップのことです。

あとカフェでは、「진하게《チナゲ》」、「연하게《ヨナゲ》」もよく聞きます。チナゲは「濃いめに」、ヨナゲは「薄めに」。最近は、薄くないコーヒーも増えてきましたが、やはり日本よりは薄め。濃いめが好きな人は、覚えておくと便利です。ちなみに、辞書で調べたら、「진」は「津」、「연」は「軟」でした。

他にも、韓国のお店では、金額がちょっと大きくなると一括払いか分割払いか聞かれたり（カード払いの場合）、駐車場利用かどうか聞かれたりします。あそこで粗品もらってくださいと言われることも。返品の決まりの説明も多いですね。まあ、全部聞き取れなくてもいいです。用が足せれば。

２０１４年４月10日

## 韓国語も中国語も中年からでも遅くない　より楽しく　より効果的に

### ◆「きっちり」タイプの日本人◆

日⇅韓、日⇅中、翻訳はどちらがしやすいか。どちらかというと、日⇅韓のほうがしやすいです。

文法が似ているし、共通する漢字語が多いからでしょうか。でも、簡単に一言で訳しにくい言葉って、たくさんありますよね。

ある日、韓国人と日本の雑誌を見ていたとき、目次に「朝残業で時間外手当をきっちりもらう法」とあり、「きっちりって何ですか?」と聞かれ、そこから「きっちりした日本人」の話に発展しました。彼いわく、「日本人は、きっちりやらないと気がすまない人が多いですね!」と。彼は、日本人と一緒に東南アジアへ出張したとき、日本人が、仕事の準備も細かいものをひとつひとつ「きっちり」準備するし、私物である荷物も、準備するものが細かく「きっちり」決まっていて、すべて完璧にしなければ気がすまないのを見て驚いたそうです。もちろん、日本人にもいろいろなタイプがいて、皆が皆そうではないですが、傾向としては、そういう部分があるかもしれないですね、韓国に住んでいるとよけいにそう感じます、と私。

そこから、外国語学習のやり方についての話題になりました。日本人は、文法整理ノートを「きっちり」作り、単語帳を「きっちり」作り、教科書を最初から最後まで順番に「きっちり」勉強しないと気がすまないです、と。……もちろん日本人もいろいろな性格、いろいろな学習タイプの人がいるので、一括りにはできない、というのが前提ですが。私もずっと外国語を勉強し、いろいろな国の人と交流する中で、たしかに日本人の外国語学習には、「きっちり」傾向があるなあ、と感じます。

私ももともと、几帳面で「きっちり」タイプでした。高校生のころまでは、文法整理ノートなど、○○整理ノートを作らなければ気がすまないタイプでした。そして、整理ノートを作ることで学習が完結しちゃったような気持ちになっていました。大学入学後、それが英語ができない原因だったんだとわかり、中国語も韓国語も「きっちり」した整理ノートは作っていません。

ノート自体は、あります。が、本や新聞を読んでいて気になった表現や、これは使える！と感じた単語や表現のメモノート。これを元に、きれいな整理ノートを作ったりはしないですが、印象に残った言葉は、そこまで「きっちり」やらなくても、記憶できます。

また、教科書の使い方。

「きっちり」タイプの人は、第1課を完璧に理解できないと、第2課に進めない。また、もっときっちりの人は、本文を一字一句全て和訳しないと気がすまない。これでは時間がもったいない（！）ですし、せいぜい第5課くらいで放棄してしまうでしょう。

私は、理解度50〜60％くらいでも、次の課に進みます。とりあえず最後までやってみて、また最初に戻ればいい。そうしたら、最初にわからなかったところが、わかるようになっていることが少なくありません。外国語学習は、あまりにズボラで大ざっぱすぎてもダメですが、あまりにきっちりすぎても続かない。適度にズボラで適度にきっちりがちょうどいいかもしれません。

２０１３年8月8日

## ◆ネイティブ教師は学習者の母語ができるほうがいいか？◆

ネイティブ教師は、学習者の母語を理解しているほうがいいでしょうか？　たとえば、日本人が韓国人教師に韓国語を習う場合、日本語が堪能な先生に習うほうがいいのか、それとも日本語がわからない先生に習うほうがいいのか。これは、学習者の目的、学習環境、学習スタイル、性格などいろいろな要素によって異なってきますし、一概にいいとか悪いとか、簡単には言えないでしょう。

私の場合、中国語は大学で日本人の先生に習ってから卒業後に留学しました。韓国語は、日本の語学学校で日本語の堪能な韓国人の先生にまず習いました。韓国の語学堂に入ったのは、上級の5級からです。なので、どちらも基礎は日本語を媒介にして習っています。

どちらも会話には最初苦労しました。特に中国語は、大学では「読解」「中文和訳」が圧倒的に多かったので、後で会話力をつけるのは心理的にも結構大変でした。でも、入門・初級段階で母語による説明が聞けたおかげで、文法理解は「何がなんだか、わけがわからない」ということは、あまりなかったです。発音の注意点も、母語を媒介にして、日本語の発音と比較しながら練習できたので、今でも助かっています。

入門から学習言語だけで学ぶと、こういった基礎的な文法や発音のポイントが曖昧なまま、上級まで進んでしまうことが少なくないようです。その代わり、学習言語の感覚が身につくのは、早いと思います。まあ、一長一短ですね。

ひとつ、ネイティブ教師が教えるとき、学習者の母語がわかると便利だな、と感じることがあります。韓国で出版された日本語の教科書には、会話文でも読みものでも、たいてい韓国語訳がついています。日本語の会話文と韓国語訳を比べると、注意しなければならない点が出てきます。

たとえば、「다시《タシ》 한번《ハンボン》」。この単語を見てまず思いつく日本語訳は、「もう一度」。でも、そう訳すとおかしな場合があります。ビジネス会話の教科書の中に出てきた「あらためてお礼申し上げます」。この文の韓国語訳が、「다시《タシ》 한번《ハンボン》 감사드립니다《カムサトゥリムニダ》」。学習者が「あらためて」の意味が分からない場合、「다시 한번」という訳を見て、「ああ、もう一度、という意味か」と、「あらためて」を「もう一度」とイコールと思ってしまう可能性があります。

また、「お礼申し上げます」も、訳を見て、「ああ、ありがとうございます、のことか」と、これも、「ありがとうございます」と置き換えてしまうかもしれません。「もう一度ありがとうございます」。意味は通じるけど、日本では習慣的に、重ねてお礼を言う場合、こういう言い方はしないですよね。

例をもうひとつ。「곤란하다《コールラナダ》」の「곤란《コールラン》」は漢字で「困難」。韓国語では、困るとか都合が悪いとかいう場合に使います。ビジネス会話の教科書に出ていた「そうあいまいにおっしゃると困りますね」と、（相手の金曜日に伺いたいとの提案に対し）「金曜日ですか。それはちょっと困りますね」という二つの「困りますね」の韓国語訳も、どちらも「곤란（困難）」が使われています。でもここも、訳に「困難」が使われているからと言って、日本語でも「困難ですね」と言ってしまったらおかしい。

教える側が、学習者の母語を理解していると、こういった「ずれ」に注意して教えることができるので、文法的には間違いでなくてもネイティブはそう言わない、という不自然な表現を防ぐことができます。

ネイティブ教師が学習者の母語ができないと、習う側は必死に伝えようとするので、より効果があるのはたしかです。外国語ができるネイティブ教師の中には、その外国語を使いたくて授業しているような人もいますし……。

学習者が高い授業料を払って、先生の外国語力をのばしてあげているなんて！　私は中国語を習っていたとき、それでイヤな経験をしたことがあります。お金払って、先生の日本語練習台になってしまっていたという状態でした。でも、ネイティブ教師の外国語力を効果的に使うのであれば、学習者は、より質のいい外国語を身につけることができるのではないかな、と思います。

２０１３年９月13日

## ◆韓国語学堂に通っていたときの学習法――ＣＤを活用◆

2年前の秋。延世《ヨンセ》大韓国語学堂6級に通っていました。6級で印象的だったのは、発表、論文、ディベート。5級も大変でしたが、卒業がかかる6級はもっと忙しく、家事、特に掃除が本当にできなくて、家の中にホコリがたまってしまった記憶は、なかなか消えません。自宅から学校までバスですぐだったのが、救いでした。

私は必ず予習をしていきました。若い留学生から、「え、予習なんかするの⁉」と何度も言われたけど、何も準備せずに授業に臨むなんて、ムリでした。理由は、何と言っても、ついていくのが大変だったから。4級まで日本で半分独学状態で、語学堂は5級から入ったため、アップアップ。よほど学習歴が長くて余裕があれば、予習せず復習のみでもよかったのでしょうけど。

その予習ですが、家事もあるし、隙間時間を縫ってしなくてはならないので、長時間机に向かう余裕はありません。おまけに、老眼。長いこと文字を目で追うのは、不可能です。若いときは、何ともなかったのに。そこで、日本でも忙しいときよくしていた、CDを活用する方法で予習しました。教科書本文の予習をするとき、先に本文を読み、わからない単語や新しい文法を調べるのでなく、教科書を開く前に、まずCDを聞きました。未習事項はあるけど、初めてのことについて聞いて慣れるのも大事。

まず音から入るやり方だと、授業ではもちろん、生活の中でも、聞くことへの恐怖（というか、聞き取れなかったらどうしようという恐怖）が軽減されます。何よりも私にとっては、これなら家事をしながらできるので、時間の節約になりました。頭を使うことと並行して行うのはムリだけど、洗濯、アイロンかけ、皿洗いなどは大丈夫。ただ、全部聞き取ろうとするととてもしんどいので、聞き取れなくてもかまわない、と、音楽と同じような感覚で続けました。読解の教科書もCDがついていたので、同様の方法を取りました。読解の文章で耳から入るのは、会話文で耳から入るのより難しかったですが、後でこれが、本を読むのに助けになりました。やはり、音声と文字はつながっているのだと思います。

延世大語学堂の定期試験は、読解・作文・会話・聴解の4技能各100点満点中、中間と期末の平均点が、どれかひとつでも60点未満だと再試験、それでもだめだと進級できません。

6級は再試験がないので、中間と期末の平均点がひとつでも60点を切れば、アウト。私にとっては、5級も6級も、一番やっかいだったのは聴解でした。その試験対策としても、CDを活用しました。よほど耳がいい人は別ですが、CDを試験勉強に使うかどうかで、試験の結果にも影響あるような気がします。

語学堂のCD、今も持っています。が……今は全く使っていません!

作られた会話だし、正直あまり面白くない。それに、CDの質が悪くてうまく音が出ないことも。韓国に来て買ったCDプレーヤーの調子が悪いということもあるのですが。でも、語学堂時代にCDをたくさん聞いたことが、今生活する上でとても役に立っているのは間違いありません。この方法は、日本にいてもできます。会話は、相手がいないとムリですが、音声を聞くのは、工夫次第でいくらでもできます。向き不向きがあるかも知れませんが、特に聴解がニガテという人は、一度試してみてください。

2013年10月23日

## ◆韓国語を勉強しながら、中国語検定 ＨＳＫ６級に挑戦◆

昨年末（２０１３年12月）に受けた中国語検定ＨＳＫ６級、無事合格しました！ 試験直後は、聴解があまりできなくて、だめかなあと思ったのですが、思ったより点数が取れていました。

ＨＳＫは、中国政府公認の中国語資格です。１級が一番易しく、６級が最上級。英検のように１級が一番難しい試験もあるので、６級を初級と勘違いされることもあり、ちょっとややこしいですが。ＴＯＰＩＫ（韓国語能力試験）と似たようなものですね。ＴＯＰＩＫと違うのは、ＨＳＫの場合、級ごとにそれぞれ試験があることです。

今、家族の仕事の関係でソウルに住んでいることもあり、韓国情報を書いていますが、私のもともとの大学時代の専攻は、中国文化。卒業後は語学講師などの仕事で、中国語とも関わっていました。引っ越しが多いこともあって、中国語を使う仕事を辞めてから、６年近くになります。辞めたのを機に、当時住んでいた東京で、韓国語の勉強を開始。３年前ソウルに来てからは、韓国語学堂に入り、ますます中国語とは遠ざかってしまいました。

それでも試験を受けたのには、いくつか理由があります。昨年、たまたま中国語を使う仕事を頼まれてやってみたこと。錆びついているし、だめかなあと思いながらも挑戦したら、何とかなりました。これは再挑戦したら、案外いけるかも、と。帰国後の再就職のため、履歴書に書ける中国語の資格が、どうしてもほしかったこともあります。中国語関係の試験結果は、どれも10数年前のものばかりで、いくらなんでも恥ずかしくて書けない。あとはなんといっても、中国語の実力をとにかく取り戻したかったんです！

今日は続けて、秋から始めた試験勉強の話をします。

個人的には、ただ試験勉強をたくさんやって合格することには、あまり意味がないと思っています。英検2級やTOPIK中級で、運用能力がないのにとにかく試験対策ばかりして、受かったのはいいけどそれに見合った運用力がなく、苦しんだので。でも今、韓国語が必要な生活の中で、中国語の本をじっくり読む時間は、なし。限られた時間内に合格に近づくため、韓国で買った試験対策模擬問題集2冊を解きました。

これが、役に立ちました。

読解（文法含）は、50分で50問。誤文探しが10問、単語の穴埋め問題が10問、数種類ある長文読解が30問。とにかく早く解かないと、とても最後まではいきません。自分にとって最も難しく時間がかかり、正解率が低いのは最初の問題の誤文探し。逆に易しく最も正解率が高いのは、長文読解。最後のほうの特に長い文章も、今までたくさん文章を読んで慣れているので、ここで時間不足になり、落とすのはもったいないと思いました。模擬試験を数回やってみて、最初の10問は後回し、読解から解くことに決めました。

この方法は、やはり正解でした。誤文探しは散々で、しかも時間切れでしたが、聴解、作文と比べ、読解の点数が一番取れていたので、長文読解の正解率が高かったのだと思います。

TOPIKでもそうですが、限られた時間でいかに正解率を上げるか、そのためには時間内に解く練習が大事であることを実感しました。家でやるのは、しんどいですけどね。聴解で、ひとつの長い対話文を聞いたあと、設問が5問あるとか、もし事前にやっていなかったら、慌ててしまいますから。回答欄を間違えるというつまらない間違いも、致命傷になりますし（これは、過去に聴解でやってしまった苦い経験があります）。

HSK6級は、聴解・読解・作文各100点の300点満点で、合格基準点は総合点180点以上。とにかく6割以上取れてれば、と思っていましたが、合格基準より50点以上取れていました。ギリギリじゃなくてよかった。

中国語と韓国語、ともに漢字圏の言語なので、日本人には勉強しやすいです。中国語のほうが、ハードルが高いですが。

これから、両方に挑戦する日本人が増えてほしいな、と思います。

2014年1月5日

## ◆TOPIK（韓国語能力試験）と中国語検定HSK、会場の雰囲気の違いは？◆

TOPIK（韓国語能力試験）と中国語検定HSK、両方受けてみて、違うなあと感じたことがいくつかあります。今日は、その話を書いてみます。

私が受けたのは、TOPIKは初、中級、HSKは6級。レベルも違うし、単純比較できないかもしれませんが。試験会場は、いずれも日本です。

もう数年前の話ですが、東京で韓国語の勉強を始めてから一年後、都内でTOPIKの初級2級を受験しました。会場に行って、驚いたのは……。

約40人入る教室で、受験者は全員女性! いやあ、びっくりしました。中国語の各種試験、何度も受けていますが、ひとつの教室に女性受験者ばかりなんて、とても考えられないですから。中国語の場合、若い人はもちろん、中高年男性の受験者もそこそこいます。先日受けたHSKもそうでした。

TOPIK初級の試験会場では、気になって他のいくつかの教室ものぞいてしまいました。試験直前で、そんなことしてる場合じゃなかったんですが。他も、ほとんどが女性!

男性は、ひとつの教室に1人2人、ぽつんぽつんとだけでした。中級のときは、もう少し男性がいましたが、それでも5、6人だったかなあ。おばあさんが友達同士で受けに来ているのにも、びっくり。韓流の影響なんでしょうか。語学の試験ってとてもエネルギーが要りますから、試験会場にこれだけの中高年女性を向かわせるというのは、やはり影響力あるんですね。

出題される文章の傾向も、違います。HSKの模擬問題集を解いて感じたのですが、中国語は教訓的な話がとても多い。幼いときからずっと親に言われるままひたすら勉強し、何でも言うことをきき、一流大学↓一流企業とエリートコースを歩み、お金持ちにもなって、誰もがうらやむセレブの生活を実現。ところが心はすさんでいるし、生きていてもちっとも面白くない。豪邸に帰ってからはほとんど毎晩涙を流し、深酒はもちろんついには麻薬にまで手を出してしまう不幸な人生……と、たとえばこんな話が模擬問題集に出ていました。「自分」をしっかり持っていないと、不幸になるよという戒め？　本番の問題は回収されてしまったのですが、記憶では、やはり教訓的な文章がいくつか出てきました。

韓国語は、日本語能力試験のほうが文章の内容は近いかもしれません。中国語は、お国柄なんでしょうか？

あと、ＨＳＫのほうが、より記憶力や暗記力が必要な気がします。ＴＯＰＩＫ高級を受けていないので、なんともいえないのですが。

たとえば聴解。ＨＳＫは、１回しか問題を聞かせてもらえません。これは、旧ＨＳＫのときからずっと同じです。大体の意味は聞きとれても、細かい内容を忘れてしまったら、それでおしまいです。ＴＯＰＩＫは、初、中級とも２回聞けたので、助かりました。延世大語学堂の聴解試験も、２回聞かせてくれました。高級も、２回音声流れるのでしょうか？　そのほうが助かります。

またＨＳＫは、作文でも記憶力が必要です。作文の試験では、まず10分間長文を読み、時間になったら長文が回収され、原稿用紙に読んだ文のタイトル（自分で考えたもの）と要約文を書きます。長文を読む間、メモはいっさい取れないので、とにかく頭の中に入れるしかない。作文力、というより、本当に記憶力が試されました。

自分の考えが入らないほうが、採点しやすいのでしょうか？　テーマが与えられ、それについて自分の考えを述べるほうが、書きやすいですね。記憶力の衰えを日々感じている更年期まっただ中の私は、かなり脳を酷使しました。

そういえば、中国留学のときも、とにかく暗記させられることが多かったです。そういう学習スタイルなんでしょうかね？

試験を受けるのはしんどいですが、試験からそれぞれの国の文化を感じるというのも、なかなか面白いなあと思います。

＊ご存知のように、検定試験は、やり方が時々変わります。私が受けた範囲での話なので、ずれがある場合は、お許しください。

２０１４年１月６日

◆外国語が通じないとき◆

帰国後の不動産や役所の諸手続き、銀行などへの住所変更届……仕方ないとはいえ、いろいろと面倒です。３年間日本に住んでいなかったこともあって、国内での引っ越しよりややこしいですし。でも、日本語だし、韓国で手続きするよりラク、と思っていたのですが。

自分でも落ち込んでしまうのですが、日本語を聞き取るのが難しい。聞き取りだけでなく、説明するのもしんどくて。今日も、郵便局で転居届を出したかったのですが、しばらく話が通じませんでした。思わず、「ああ、日本語でうまく説明できないんですけど」と言ってしまいました。といっても、韓国語のほうがペラペラ、なわけではないです。韓国語では、聞き取れない、こっちの話が通じない、なんて日常茶飯事でした。それでも今、日本語でのやり取りがちょっとしんどいのは、3年間の生活で韓国語を使っていたからかもしれませんね。

母語でうまくやり取りできないのもいやですが、それでも、日本では、店員さんの話が聞き取れないときなど、一、二度聞き返すのは、そんなに抵抗ありません。店員さんの声が小さいとか、早口とか、うっかり聞き逃しちゃったとか。聞き取りにくかったとき聞き返すのって、ごく普通のことですから。まあ何度も何度も聞き返したら、いやな顔されますけど。

でも、外国で相手の話が一度で聞き取れないとき、なぜかあせってしまうんですよね。韓国に引っ越したばかりのときの私が、そうでした。何とか理解しようと思えば思うほど、ますます意味不明になり、何度も聞き返しているうち、店員さんがあきらめて、説明をやめてしまうこともありました。「日本人だからねえ、しかたないなあ〜」

と苦笑いの顔にかいてあるのを見るたび、落ち込みました。そして、店を出てから、「さっき、一体何を言おうとしたんだろう⁉」と家に着くまでそればかり考えたりしたものです。

しばらく経ってから、考え方をかえました。

「私は外国人。聞き取れないのは、当たり前。聞き取れなくても、落ち込まない。本当に大事な話なら、店員は私が理解するまで説明し続ける。そうでないということは、大して重要な話じゃない！だから、聞き取れないまま店を出ても、引きずらず、忘れること」と。

そして、相手に苦笑いされたり、ちょっとバカにされてるなあ〜と感じ、忘れたくても忘れられないときは、そんなふうに扱われた自分を嘆くのでなく、ちょっと離れたところから自分を見て、「あ〜今日も笑われちゃった！　ハハハ」と考えるようにしたのです。そうしたら、ちょっと気が楽になりました。そしてそのうち、１００％はムリでも、相手が何を言ってるのか、要点はわかるようになり、あまり悩まなくなりました。

正直、今日本でやっている諸手続きより、ソウルを発つ前に行なった携帯や銀行の解約手続きのほうが、やり取りがラクでした。気を楽に持てば、そのうち慣れるってことですね。

海外に駐在するエリート社員や官僚が、カフェで注文がスムーズにできなくて自分の語学力を嘆く、という話をたまに聞きます。語学力を嘆くというより、ホンネは店員にプライドを傷つけられた、ということなんじゃないかな。オレみたいなエリートに向かって、たかがバイトのねえちゃんが！　って感じで。

外国語って、偏差値が高ければ高いほど、よりできるわけではないですよね。私が今まで、この人の韓国語はすごい！と思った日本人は、一流大卒じゃありません。プライドなさすぎもどうかとは思いますが、プライドが高すぎると、外国語の習得には弊害かもな、と韓国での3年間で実感しました。
気持ちの持ち方って、とっても大事ですね。

２０１４年４月９日

## 苦手な発音も　要点を押さえれば　グッと楽に

◆「ㄴ（ニウン）」と「ㅇ（イウン）」の見分け方――日本語の音読みをもとに◆

전（全）さんと정（鄭）さん――どちらも、韓国語の発音を日本語で表記したら、「チョン」。손（孫）さんと송（宋）さんも、「ソン」。日本人には、「ㄴ」と「ㅇ」の聞き分けが、とても難しいです。聞き分けが難しいので、書くときにも「ㄴ」だっけ、「ㅇ」だっけ？　と迷います。でも大丈夫。日本語の音読みを元に、区別する方法があります。これを知っていると、とても楽になります。전さんの「全」は、日本語の音読みで「ゼン」。정さんの「鄭」は、日本語の音読みで「テイ」。同じく、손さんの「孫」は、「ソン」。송さんの「宋」は、「ソウ」。

ここまで見ると、勘のいい人は、何か規則性があるのに気づくでしょう。

日本語読みで「ン」で終わるものは「ㄴ」、「ン」以外の「イ」や「ウ」などで終わるものは、「ㅇ」

に対応しているのです。

もうちょっと例を挙げてみましょう。

관광（クワングワン　観光）↓カンコウ
공항（コンハン　空港）↓クウコウ
부동산（プドンサン　不動産）↓フドウサン
対応してますよね。

もちろん、全てに当てはまるわけではありません。

「飲」（イン）は、「음」（ウム）「店」（テン）は、「점」（チョム）というふうに、「ㅁ」（m）の場合もあります。

これに気づいたのは、もうだいぶ前、初めて韓国旅行をしたころ。ハングルもほとんど読めなかったのですが、少しだけ勉強したことがあり、子音字と母音字の並べ方の決まりぐらいの知識はありました。

それを元に、訪韓したときは街の看板や地名、食堂のメニューなどをひたすら見て、字を少しずつ覚えていきました。そんな中で、ふと気づいたのです。

もしかして、「ㄴ」と「ㅇ」の違いは、日本語の音読みで「ン」と読むか読まないかじゃないかと。

そして、それに気付いたのは、中国語の発音の特徴からです。

中国語の発音には、「ｎ」と「ｎｇ」があり、「ｎ」は、日本語の音読みで「ン」と読む場合。「ｎ

g」は、日本語の音読みでは、「イ」や「ウ」などになります。(例:延長 yanchang イェンチャン ＝ 延長 えんちょう)「ㄴ」は基本、中国語の「n」に、「ㅇ」は「ng」に対応している、というわけですね。

中国語のこの特徴を教わったのは、大学の中国語の授業でした。学生時代に教わった中国語の発音の特徴が、20年以上経って韓国語の勉強に役立つなんて、思ってもいませんでした。漢字語圏の言葉を勉強するのは、本当に面白いなあと思います。

2013年7月5日

## ◆「弘大(ホンデ)」は、なぜ通じない!?◆

「ㄴ」(n)と「ㅇ」(ng)は、聞き分けが難しいだけでなく、発音し分けるのもの難しいです。タクシーに乗って、「홍대입구(弘大入口《ホンディプク》)」が通じなくて困った、という話を、何回か日本人の知り合いから聞きました。

私も、バスの運転手さんに、「このバス、弘大に行きますか?」と聞いて、聞き返されたことがあります。

「홍대」の正しい発音は、ローマ字で書くと、〔hongde〕に近い。ところが日本人は、〔ho

ｎｄｅ〕と、〔ㅇ〕（ｎｇ）でなく〔ㄴ〕（ｎ）で発音してしまう。〔ㅇ〕と〔ㄴ〕は、韓国語では意味の区別に関わり、明確に発音を区別しますから、それで通じないのです。

ではなぜ、日本人はこの二つの発音を区別しにくいのでしょうか。

それは、日本語の撥音「ん」の特徴にあります。「ん」は、その後ろに来る音により、様々に変化します。「ホンデ」の場合、「デ」の前に来る「ん」は、「デ」の発音と舌の位置が近い〔ｎ〕になります。それで、〔ｎｇ〕と韓国語では舌の位置がもっと奥になった状態で発音すべきところ、〔ｎ〕になってしまう。ところが、日本人にとっては、〔ｎｇ〕も〔ｎ〕も意味の区別にかかわらないので、注意して発音仕分けられず、韓国人にはわかりにくくなってしまいます。

もうちょっと例を挙げましょう。

おなじみの「명동（明洞）」も、日本人が発音すると、通じないことがあります。ローマ字で書くと、正しい発音に近いのは〔ｍｙｏｎｇｄｏｎｇ〕。ところが日本人は、「ミョンドン」の「ド」の舌の位置に合わせ、〔ｍｙｏｎｄｏＮ〕。ハングルで書くと、「면동」になってしまう。

「냉면（冷麺）」は、〔ｎｅｎｇｍｙｏｎ〕とすべきところ、「ネンミョン」の「ミ」に合わせ、〔ｎｅｍｍｙｏＮ〕と、「냄면」のようになり、韓国語としては別の発音に変わってしまうのです。

では、どうしたら改善するのでしょう。

こうした通じない理由を知ることがひとつ。でも、それだけではすぐに直りませんよね。特に、〔ㅇ〕（ｎｇ）の発音が、より難しいと思います。

韓国語教育歴の長い韓国人の友人に、発音のコツについて尋ねたところ、〔ㅇ〕は、意識して長めに発音するとうまくなるそうです。

（発音のローマ字表記の語末の「ン」を一部〔N〕としたのは、言語学の教科書にある語末の「ン」の表記を参考にしました。）

＊おまけ

「꼭대기」（頂上）も、通じにくいですね。これも、日本語の促音「っ」の発音の特徴と、関係があります。「っ」も、撥音「ん」同様、後ろに来る音の舌の位置や発音の特徴に合わせ、様々な音に発音されます。

この場合も、「コッテギ」と、「テ」の舌の位置に合わせ、「꼭」の「ㄱ」（k）が正しく発音されず、「ㄷ」（t）になってしまうのです。

２０１３年６月18日

第6章

# つなぐ

## ぼくらだって友好大使――愛しの動物たち

### ◆カピバラにも会える　広々としたソウル動物園◆

ジャイアントパンダが大好きな私。２年前ソウルに引っ越し、残念だったのが、韓国の動物園には、ジャイアントパンダがいないこと。でも、パンダ以外に好きな動物・カピバラならいるかなあ、と、一昨年の春、ソウル大公園にあるソウル動物園に行ったら、いましたいました！

家から近くはないので、結局数えるほどしか行ってないのですが、昨日久しぶりに行って、カピバラも見て来ました。カピバラは、南米の動物エリアに、バクと一緒にいます。上野動物園も、バクと一緒だったような……今は違うのかしら？

動物園では、韓国人のお客さんたちの会話を聞くのも、楽しいです。親が子どもに、バクを見ながら、「あれは豚じゃないよ」と教えていたり、子どもが「バクがお父さんとお母さんで、カピバラはその子どもでしょ？」と親に聞いていたり。子ども向けに、いろいろな動物のエピソードがイラスト入りでかかれているのを読むのも、なかなか面白いです。

ある脱走マレーグマは、逃げた先にある店で、ラーメン、菓子、マッコリを「盗み食い」したと

か。辛ラーメン？　辛くなかったんでしょうか？

マッコリの味はどうだったのか……動物も、酔っぱらうのかな？　もしかしたら、動物園で出されるエサより、おいしかったかもしれませんね。無事捕獲されたそうですが、外の世界のほうが、楽しかったかもしれません。

ソウル大公園は、正確には「ソウル」ではなく、京畿道果川市《キョンギドカチョンシ》にあります。郊外といっても、地下鉄4号線で比較的気軽に行ける場所にあるし、広々とした、緑の多い敷地内を歩くのは、とても気持ちいいです。

子ども連れが多いのはもちろんなのですが、デートで来ているカップルも多いし、女性同士で来ているグループもいます。大人もゆったり楽しめる場所です。特に私が好きなのが、大公園駅近くから、動物園に行くリフトです。動物園には駅から歩いても行けますが、リフトから園内や遠くの山々を見るのも、気持ちいいですよ。

たまには、ショッピングではなく、動物園に出かけてみてはいかがですか。

韓国の違った魅力を発見するかもしれませんよ。

２０１３年５月５日

## ◆韓国の動物園　なぜパンダがいない？◆

上野動物園の人気者・ジャイアントパンダのシンシン。偽妊娠とわかって、がっかりした人も多いのでは。私もその一人です。でも、笹をバリバリ食べている元気そうな姿に、ちょっと安心しました。

私は、ランラン・カンカン以来のパンダ好き(若い人は、ランラン・カンカン、知らないかなあ～？)。四川省臥龍の保護センターや、成都の繁殖基地をめぐるパンダざんまいのツアーにも、参加しました。私以上に、夫が大喜びでしたが。

なので、韓国の動物園にジャイアントパンダがいないのが、不思議だし、さみしいです。

こんなに中国と近いのに、なぜ？

その理由が、２０１３年７月３日中央日報に出ていました。実は、韓国にジャイアントパンダを、というやり取りはあったのだそうです。でも結局、なくなってしまいました。理由は、なんといっても費用がかかりすぎること。獣舎の建設費用や飼育員の人件費その他、ジャイアントパンダにかかる費用を政府で計算したところ、１５０億ウォン。日本円で、13億５０００万円くらいでしょうか。

うーん、無理かなあ……残念。

ところで、記事を見て、へえ～と思ったのですが、日韓でも動物外交が行われているのですね。

２００７年には、日韓友好の象徴として、「너구리《ノグリ》（狸）판다《パンダ》」が韓国に贈られたそうです。タヌ

キに似たパンダですから、레서《レッソ》 판다《パンダ》＝レッサーパンダのこと。

２００８年には、日本から韓国へ丹頂鶴のつがいが贈られました。この丹頂鶴は、翌２００９年、韓国で初めて人工孵化に成功したのだそうです。

動物外交も、調べてみたら、面白そうですね。

２０１３年７月８日

## ◆求ム！　トラのフン◆

京畿道果川市のソウル大公園。ここの動物園では、トラ25頭が飼われています。トラは、韓国の民画などにもよく登場するおなじみの動物ですが、そのフンまでも人気とか。動物園には、「トラのフンください～　取りに行きますから～」という電話がよくかかってくるそうです。

一体、なぜ？

トラのフン、人気の理由は「イノシシ退治」。

韓国のお墓はイノシシに荒らされて困っており、除草も大変なことからコンクリート墓に変える人が増えたそうですが、日本と同様、韓国も田畑が荒らされる被害にも悩まされています。その悩ましいイノシシを遠ざけるのに、トラ本体だけでなく、フンも効果がある、と信じられているのだそうです。

しかし、本当に効果あるのでしょうか？　韓国のある研究所が、実際にトラのフンを置いて調べたところ、最初、野生のイノシシたちは、フンを見て近づくのを避けました。ところが、もう一度やってきて、トラのフンのある辺りを、我が物顔で歩き回ったとか。

研究所の結論は、「トラフン効果なし」。ただ、外国の実験では、農場周辺にトラのフンを置いたところ、野生のヤギが数日間寄りつかなかったという結果も出ていて、トラフン効果あり、と主張する人もいるそうです。

ソウル大公園の25頭のトラたちが、1日に「生産」するフンは約3kg。関係者によると、フンは肥料を作るのに使っており、農家にタダであげたりはしないのだそうです。

しかし……もしもらえるとしても、かなりクサイでしょうね。

（参考記事＝２０１３年１０月５～６日　朝鮮日報土日版「Ｗｈｙ？」）

2013年10月7日

## ◆テレビ番組『動物農場』◆

ドラマなど、韓国生活で楽しみにしていた番組も飽きてしまい、ニュース以外はあまりテレビを見なくなってしまいました。

その中で、ずっと見続けている番組があります。日曜朝・SBSの番組『動物農場《トンムルノンジャン》』。韓国の一般家庭で飼われている犬や猫をはじめ様々な動物が登場します。普通のおうちだけでなく、食堂、工場、学校などで飼われている、というか住み着いた動物たちも出てくるし、もちろん動物園も紹介されます。

今日は、交番で飼われている猫・マンゴが出演。おまわりさんと一緒に仕事（?）中のマンゴや、所長のイスに堂々と座るマンゴの姿が映し出されました。

マンゴはもともと野良猫。子猫のとき、ケガをしていた（交通事故?）ところ、住民が段ボール箱に入れて運んできたのがきっかけでした。おまわりさんたちの募金でマンゴは手術を受けて回復しました。今は、おまわりさんたちにはもちろん、交番を訪れる人たちにも人気です。

おまわりさんいわく、

「マンゴがいるおかげで、交番を訪ねてくる人たちとも、話がしやすくなったよ」。

交番には、もう一匹、マンゴそっくりな野良猫も出現。この子も、交番に引きとられることになりました。新しい猫ちゃんの名前、おまわりさんの投票で「マンウォニ」に決定。番組では、その投票の様子が。おまわりさんの帽子に投票用紙を入れ、ホワイトボードで集計!

犬か猫か、でいうと、韓国では犬のほうがずっと人気があるように思います。というか、以前は、猫はちょっと縁起が悪い動物、と思われていたようです。特に、黒猫はそうみたいです。かわいいのに……。

でも今は、猫人気が上昇中。一人暮らしの人の大切なパートナーでもあるようです。番組では、やはり犬のほうがよく登場するかなあ。

今日は、ボール遊び大好き犬のほか、歌う犬が登場。それぞれ違う家庭の犬3匹、どの子が一番歌がうまいか、専門家に判断してもらうものでした。

優勝したワンちゃんは、アコーディオンの演奏に合わせて歌っていました。このワンちゃん、共同住宅で飼い主の演奏に合わせ、とても大きな声で鳴く（歌う？）ので、ご近所とのトラブルになっているようです。そこまでじゃないですけど、うちも、お向かいさんのワンちゃんが結構吠えます。

私は犬が好きなので大丈夫だけど、嫌いな人にはイヤでしょうね。共同住宅の多い韓国で、猫人気が上がっているのも、もしかしたら犬みたいに吠えないことがあるかもしれませんね。

2013年10月20日

## ◆韓国ペット事情◆

ダイエットプログラム↓サウナ↓昼寝↓健康診断↓美容サービス……これ、人間のためのサービスではありません。韓国のある動物病院の、ワンちゃんのための「幼稚園サービス」。おもちゃを使った知能訓練、動物専用のテレビプログラム視聴も！

「お犬様」の幼稚園サービスの様子や韓国のペット事情を書いた朝鮮日報の記事（2014年1月24日）によると、この幼稚園サービス、10〜16時、5日で30万ウォン（約3万円）。一日のメニューが終わると、夕方「スクールバス」で帰宅。利用者のある飼い主は、「うちのかわいいポミちゃんのためなら、これくらいの金額、惜しくないわ」。

同記事によると、韓国では6人に1人がペットを飼っています。ペット市場は急成長し、1995年の5000億ウォン（約500億円）から2013年の1兆8000億ウォン（約1800億円）に。景気にもほとんど左右されず、伸び続けているのだそうです。

ペットを飼っている韓国人が、ペットのために使う金額は、月に平均13万5632ウォン（約1万3563円）。また、62・8％が、美容サービスを利用。私がソウルに滞在しているこの3年の間にも、ペットを飼う人がどんどん増えていると感じます。同時に、公園や散策路の犬の落とし物も（！）増えましたね。特に夜道では踏んでしまわないよう、気をつけています。犬の散歩の様子を見ていると、飼い主は本当にかわいくてたまらないんだなあ、と思います。

ペット関連消費の増加は、高齢化、一人世帯の増加などが関係あるようです。さみしい人が増え、さみしさをまぎらわせるために飼うんだ、とも。昨日見たテレビ番組では、オウム50羽を飼っているおじいさんを紹介。おじいさん、オウムのおかげでうつ病が治ったのだそうです。動物の力って大きいですね。

外国生活で、夜一人で家にいるのは、実にさみしいものです。何度「ペットを……」と心が揺れたか。そんなときは、お気に入りのペットブログを訪問して、癒されています。日本に帰ったら、ペット飼おうかなあ……と、毎日のように考えてます。

でも結局、旅行に行くことを考えて、やめちゃうかもしれませんけどね。帰国したら、日本は動物園や水族館が多いですから、動物たちに会いやすくなるのはうれしいです。

犬や猫もいいけど、カピバラを飼ってみたい！

２０１４年１月27日

# 日本と韓国と中国と

## ◆アナタ、ナニジン？◆

みなさんは、外国人に間違えられたこと、ありませんか？　ソウルに住んでいると、日本人観光客、中国人観光客は、すぐに見分けがつきます。が、ときどき、「この人ナニジンだろう？」と、見た目だけではわからない人もいます。

私の夫は、体系はいかにも日本人（どこが？）ですが、顔立ちは韓国人に似ています。韓国語が堪能なこともあり、よく韓国人に間違えられます。

ある日、彼が一人でタクシーに乗ったときのこと。彼を韓国人だと思って疑わなかった運転手は、日本の悪口をペラペラペラペラペラ。しゃべるだけしゃべって、乗客の受け答えから、どうもおかしい、韓国人じゃないと気づき、

「あんたどこの国？」

「日本人です……」

とたんに運転手は、「いやあ〜日本は実にいい国だねえ〜」と180度評価を変えたとか。まあ、最初から日本人とわかった上で、日本の悪口をいっぱいしゃべる運転手もいますが。

私は若いころ、よく中国人に間違えられました。20代のときの北京留学中はもちろんのこと、シンガポールなど中国語圏でも、よく道を聞かれたりしました。留学中は、その文化になじんで生活していますから、顔立ちだけでなく、しぐさや雰囲気も影響を受けていることも、間違えられる原因なのでしょう。ショックだったのは、日本の専門学校や高校などで働いていたときも、同僚や保護者、生徒の一部から、中国人だと思われていたことです。

「先生、日本語が本当にお上手ですね〜」

私、日本人なんですケド……よほど私の日本語は、外国人っぽかった？

韓国に住み始めてからは、いろいろです。明洞《ミョンドン》、仁寺洞《インサドン》など、日本人観光客の多いところでは、

店員さんも日本人識別能力が高いのか、こちらの姿を見ただけで、日本語で話しかけてきます。でもなぜか街を歩いていると、道をよく聞かれます。声かけやすいのかな？　それにやはり、観光で来ているのではなく生活しているので、韓国人の人の波に溶け込んで歩いているのでしょうね。でも、道を聞いてきた相手は、すぐに私が日本人だということに気づきます。

ひとつは、日本語っぽい韓国語の発音が原因なんでしょうね。そしてもうひとつは……これは私が勝手に考えていることなんですが、顔のシミやホクロをとってないので、日本人だと気づくんじゃないかと。私に話しかけてくる韓国人は、ほとんどの人が、私の顔を見たとたん、「あ〜しまった〜日本人に道聞いちゃった〜」と、困った表情になるんです。

慣れたけど、やっぱりイヤです。

面白いのは、ここ数年、中国語圏に行っても、もう中国人に間違えられないこと。「日本人か？韓国人か？」ってよく聞かれます。昔と違って、中国人も海外へ出る人が増え、識別能力が高くなったこともあるかもしれませんが、本当に不思議です。今私がソウルに住んでいて、韓国文化の影響を受けているせいもあるかもしれません。

ナニジンに見られるかは、顔立ち、服装などの外見、文化の影響がもちろん関係あるでしょう。あと、もしかしたら、話す言語も無関係ではないのかな、と思います。それは、言語による口の動かし方の違いです。日中韓の言語で、一番筋肉を使うのが中国語、次が韓国語。

最も口の動きが少ないのが、日本語。科学的に調べたわけではないですが、自分で発音しているときを比較して、そう感じます。日本人から見ると声の大きい韓国人も、中国人の声の大きさにはびっくりしていますが、この声の大きさの違いも、民族の性質だけでなく、発声の違いと関係があるかもしれません。

5年前に韓国語の勉強を始めてから、中国語をほとんど勉強しなくなってしまったのですが、最近中国語の試験を受けるためもあり、勉強を再開しました。韓国語との顔の筋肉の使い方の違いを、実感しています。私が中国人に見られなくなったのも、中国語をほとんど使わなくなって、顔の筋肉が衰えたから？（そこまでたくさん中国語を使っていたわけじゃないのですが）。

それで思い出したことがあります。もうだいぶ前ですが、テレビで見た、中国残留日本人孤児の妹と、戦後すぐ日本に戻った姉との数十年ぶりの再会。妹は、中国の田舎で苦労したせいか、日本のお姉さんより老けてみえました。そして、姉妹なので顔は似ているけれど、妹はどうみても中国人の顔なんですね。お姉さんは、いかにも日本人の顔立ちです。同じ姉妹なのに、環境でこんなに顔の見え方が変わるなんて！　そのときふと思ったのは、話す言語が、顔の筋肉とか、顔立ちに影響を与えているんじゃないかということでした。

まあでも、西洋人やアラブ人などから見たら、東アジアの人はみんな同じに見えるでしょうね。4年前、チュニジアに行ったときのこと。すれ違う人すれ違う人、そのほとんどが、「ニーハオ！コンニチハ！」と声をかけてくるのです。「ジャッキーチェン！」「ナカタ！」も多かった。逆に東アジアの人間からは、中東の人、特に男性は、みな同じに見えますけど。

だいぶ前に見たトルコ映画、主役の男性と脇役の男性たちの顔がみな同じに見えて、誰が誰かわからなくなっちゃいました。

2013年9月19日

## ◆起業　日中韓それぞれの見方◆

「創業は危険」韓国73％、日本55％、中国41％。

2013年12月5日、中央日報の別刷紙・Business & money の見出しです。面白そうだなと思い、読んでみました（「創業」は、日本語では「起業」のほうがよりふさわしいかと思い、文中では「起業」と書くことにします）。

韓国科学創意財団が、日中韓の成人各1000人、計3000人を対象に、起業に対する認識比較調査を先月実施しました。

記事は、この調査結果が今月4日に発表されたのをもとに書かれました。記事によると、韓国は、起業の失敗への恐怖感や、起業への否定的な見方が相対的に強い傾向にあることが明らかになりました。調査結果のうち、私が興味深いと感じた項目を挙げます。

「起業は望ましくない。起業は慎重に考えるべきだ」と思う割合は、日本55・0％、中国40・8％、韓国72・6％。

「起業のチャンスが多く、挑戦する価値がある」は、日本8・2％、中国29・6％、韓国4・9％。「起業は、アイデアがあれば容易に始められる」は、日本27・1％、中国51・2％、韓国19・7％。「（社会が）失敗に寛大で、再挑戦しやすい」は、日本17・0％、中国37・0％、韓国16・1％。

中国が起業に肯定的な傾向が、よくわかりますね。日韓は似たりよったりですが。

それでも、日本は韓国よりは起業には肯定的だな、と、この数字から感じます。記事によると、韓国ではだいたいにおいて、社会の起業家への視線が冷たいということです。以前他の記事に、青年実業家のインタビューが出ていたんですが、自分で会社を始めたのは、大企業に入社できなかったからしかたなくやった、と見られがちなのが残念だ、と書かれていました。その類の話は、韓国に住んでいて知り合いからも時々聞かされます。

また記事には、韓国では、一度事業に失敗すると、本人が「人生の落伍者」という烙印を押されるのはもちろん、連帯保証人など周りも大変な目に遭う、だから敗者復活が非常に困難だと。それなら最初からやらないほうがいいと。失敗で大変な思いをするのは、どこの国でも同じだと思うのですが、それでも心理的な面や制度的な面で、韓国社会はより厳しいのでしょうか。起業をバックアップする社会のしくみの違いまでは私にはわからないので、なんとも言えないのですが、それでも、考え方の違いはあるよなあ、と感じます。

韓国は海外への移民も多いし、社会の変化も激しい国です。韓国人は躍動的でエネルギッシュ、行動に移すのが早い、という印象が私にはあります。そういう傾向からすると、起業が肯定的にとらえられてもよさそうなのですが。社員が家族だけの小さな会社でも、「私が社長！」と堂々としている中国系の人と、韓国の人はなんか違うなあ、と感じます。もちろん、人によるんですけどね。私は、仕事や付き合いなど、中国語文化圏での経験のほうが長いのですが、韓国に暮らしていてときに息苦しさを感じるのは、この「起業」に対する認識の差もあるのかなあ、と思ったりもします。

２０１３年12月17日

## ◆科挙と平等社会◆

ソウル大学名誉教授、韓永愚《ハンヨンウ》氏が、科挙に関する本を出版し、２０１４年１月23日の朝鮮日報、同24日の東亜日報で紹介されました。韓氏は、１３９２〜１８９４年の間に選ばれた文科及第者１万４６１５人を調査しました。

「朝鮮王朝が５００年以上続いたのも、官僚が世襲でなく、身分が高くない者も能力があれば試験によって登用されるチャンスがあった、ということと関係があるのでは」と韓氏。平民など身分の高くない及第者の比率は、高いときは50％を超えるまでになることもあったそうです。

科挙が身分の高くない人を救う、より平等な能力重視の社会の実現のために役に立ったのではないかという見方は画期的で、面白いと思います。が、私個人的には、今の中国や韓国の異常なまでの学歴社会、受験戦争という負の面は、科挙のせいじゃないか、と思うことがあります。韓国では、子どもをいい学校に行かせるため、何度でも引っ越しする人が多いのです。こちらに住んでいて、非常に驚いたことのひとつです。うちのマンションでもしょっちゅう引っ越しがあるし、実際私の韓国人の知人も、子どもの学校のため引っ越ししています。

また、科挙の影響は、職業観にもあらわれていると思う。人による、というのが前提での話ではありますが、中国や韓国の人と話していて気になるのは、「座ってする仕事」に就けるかどうかにとてもこだわること。「肉体労働」「単純労働」＝下等な仕事、というイメージなんでしょうか？日本に居住する中国人や韓国人から、「最初は言葉ができなくて仕方なく単純作業をしたけど、やっと抜け出て（事務や学校の講師など）知的な仕事に就けた」という「成功物語」を何度か聞きました。

もちろん日本でも、そういうイメージはあると思います。ただ、私が日本と中韓で違うなあ、と思うのは、職人さんとか、料理人とか、「手に職」の人への見方です。日本だと、大企業のサラリーマンより、職人さんのほうがカッコいいと思われたり、たとえ一流大卒でなくても、普通の人が持ってない技術を持つ人を尊敬しますよね。食堂にしても、江戸時代から代々続く老舗のお蕎麦屋さんって、カッコいいじゃないですか。後を継ぐ人に対しても、すごいなあ、という感じがあります。

でも、韓国や中国でそういう話をしても、「え？　それが何？　なんでずっと食堂？」と思われちゃう。それどころか、韓国の食堂でよく聞くのは、食堂の女社長の、「息子はアメリカに留学させ、弁護士にした」とかいう成功物語です。日本だったら、後を継ぐほうが粋だな、と思う一定数の人がいると思うんですけどね。こういった傾向は、ちょっと乱暴な結びつけ方かもしれませんけど、科挙の名残なのかな……私は生まれ変わったら工芸品の職人になりたいと思っているので、大企業に勤めるエリートとか、私から見たらあまり面白くなさそうな職業をよしとする文化は、どうしてもなじめません。おそらく、何年住んでも違和感を感じ続けるでしょうね。

＊おまけ
개천에서《ケチョネソ》 용《ヨン》 난다《ナンダ》
直訳すると「どぶから龍が出る」ですが、日本語のどんなことわざだと思いますか？ 語学堂の教科書の慣用句のページで必ず習う表現なのですが、日本語の「鳶が鷹を生む」です。今回紹介した記事にも、この表現が出ていました。科挙試験合格によって、身分の低い者も「龍」になれる、より平等な社会になるということです。でも……今まで切り抜いた韓国紙の記事をチェックしていると、「両極化」「不平等社会」「富裕層と貧困層」といった言葉がたくさん載っているんですよね。なんか矛盾してるよなあ。

２０１４年2月15日

## ◆ソウルで働く中国朝鮮族◆

一昨日の韓国紙・ハンギョレによると、ソウルで働く外国人は約15万人。5年の間に、1・4倍増えました。

しかし、外国人といっても、約87％を占める13万人が、「韓国系中国人」。中国朝鮮族のことです。朝鮮族は中国の少数民族であり、中国の国籍を持ち、かつ中国戸籍法に基づく戸籍上の民族欄に「朝鮮」と記載されている人のことをいいます。圧倒的多数の朝鮮族に続くのは、約2・8％を占めるアメリカ人で、4161人。

ソウルで働く外国人の主な業種は、宿泊施設、飲食店25・5％、建設業16・4％、製造業13・3％、教育、サービス業11・9％、卸、小売業7・2％となっています。

今日は、大多数を占める朝鮮族の状況について、上記のハンギョレの記事と、今月1日の朝鮮日報の記事「中国同胞の涙」をもとに紹介したいと思います。

1992年に韓国と中国が国交正常化してから、朝鮮族が韓国に、堰を切ったようになだれ込んで来ました。彼らの職場は、建設現場、工場、食堂、介護施設、農場、漁場、廃棄物処理場……家政婦なども多く、韓国で、住み込みで働く家政婦やベビーシッターは、3万人にのぼるともいわれています。

先月、ソウルの上水道工事現場と橋梁工事現場で事故が起き、それぞれ朝鮮族の労働者3人、2人が亡くなりました。

ちょっと前になりますが、2008年、京畿道利川《イチョン》の冷凍倉庫建設現場で火事が発生し、40人が亡くなった事故では、朝鮮族の労働者12人が犠牲になりました。

この火災事故は、日本でも結構大きく報道されたように記憶していますので、思い出した人もいるのではないでしょうか。

韓国では、どこかの工事現場で事故が起きるたび、死傷者の中に朝鮮族が必ずといっていいほど含まれているように感じます。それは、韓国で働く朝鮮族男性の56％が肉体労働に従事している、ということからもうかがえます。もちろん、肉体労働などきつくて、危険な仕事をしている朝鮮族ばかりではありません。が、ソウルに住んでいて、上述の工事現場の事故のニュースでもそうですし、食堂でも明らかに韓国育ちの韓国人とは違う顔立ち、服装の人たちが働く姿を見かけることが多いです。

私が「掃除がタイヘン」と言うと、韓国人の友人たちは口をそろえるように、「朝鮮族の家政婦を雇えばいいじゃない、安いわよ」と言います。安価な労働力というイメージが、ちょっとお金持ちの韓国人女性の間にもあるんですね。

韓国と経済格差のある国から出稼ぎに来ている、完全な外国人労働者ではなく、「同胞」なのに、なぜこんなに大変な思いをしているのかしらと私は理解できなかったのですが、原因はビザにもあるようです。

朝鮮日報の記事によれば、日本やアメリカにいる同胞が比較的容易に「在外同胞」ビザを取得できるのと違い、中国の朝鮮族は、この在外同胞ビザを取るのが難しいのだそうです。

中国の朝鮮族だけでなく、ロシア、東欧の同胞にとっても、このビザの取得は困難だそうで、彼らにとって在外同胞ビザは、「그림의《クリメ》 떡《トク》（絵にかいた餅）」だと記事に書かれていました。

ところで、以前日本の公立校で働いていたとき、同僚に朝鮮族の先生が何人かいました。教え子にも数名いました。ですから、私にとっては「同士」みたいな部分もあります。また、朝鮮族といえば、80年代に中国留学していたときに吉林省を訪れ、とても印象深い思い出があります。

そんな話も、思い出しながら今度書きたいと思います。

2013年8月30日

## ◆中国吉林の思い出――朝鮮族の家を訪れて◆

朝鮮族の多い中国吉林省。1986年2月の旧正月、北京に留学中だった私は、吉林市を訪れました。もうだいぶ前の話ですが、当時印象的だったことを、思い出しながら書きたいと思います。

留学前から文通していた中国の友人がいました。彼女は朝鮮族です。私の留学時、彼女は河北省の大学に在学中で、そこには何度か遊びに行きましたが、実家に行ったことはありませんでした。ちょうど旧正月で里帰りするし、ぜひ吉林へ遊びに来てと言われ、一人汽車に乗り行ってみました。

多民族国家とはいえ、漢族が圧倒的多数を占める中国。少数民族である朝鮮族の多い吉林の旅は、いつも目にする中国とはちょっと違うものでした。特に印象的だったのは、「言葉」「食べ物」「住居」です。

＊言葉

北京で吉林行きの汽車に乗ったとたん朝鮮語が聞こえてきました。直接耳にするのは初めてでした。ずっと中国語ばかり聞いてきたので、とても新鮮だったし、驚きましたね。中国は多民族なんだ、と感じた瞬間でした。これと同様の体験は、夏に北京から新疆のウルムチまで汽車で行くときもしました。

吉林では、友人と家族や親戚の会話は朝鮮語で、高齢者の中には、中国語が全くわからない人もいる、と聞きました。あれからだいぶ経ったので、今はそういう人はほとんどいないかもしれません。

＊食べ物

食べ物の思い出のひとつは、キムチ。日本で大学に入るまでキムチの存在すら知らなかった私。大学の合宿で初めて見たのですが、そのときはにおいにびっくりして、箸をつけることができませんでした。そのキムチを、海外では吉林で初めて食べました。おいしかった！

友人の親戚の家を何軒か訪れ、そのたびに自家製キムチをいただいたのです。同じ親戚同士でも、家ごとにキムチの味が違って面白かったです。

白いご飯も、印象深かったです。一年間の留学で一番おいしかったご飯が、吉林の朝鮮族の家庭でいただいたご飯でした。北京の留学生食堂のご飯は、ポソポソしていて、石が入っていることもあったのです。中国の北方の主食は小麦で、お米ではないのですが、朝鮮族は韓国同様、主食はお米です。中国も南方はお米ですが、日本人が通常食べるお米とは違います。今韓国に暮らしていても、日本人にとって一番ありがたいのが、お米がおいしいことです。

＊住居

靴のまま室内に入るのは、日本人には違和感があります。中国は靴のまま入りますから、なかなか慣れませんでした。留学生寮では、せめてと思い、室内用のサンダルを履いてましたが、なんだか落ち着きませんでした。吉林では、中国に来て初めて、靴を脱いで上がりました。靴を脱ぐのが朝鮮族の文化なのです。

たしか、ちゃぶ台みたいなものもあったように記憶しています。テーブルとイスでなく、床に座ってご飯をいただくのは実に久しぶりでした。とてもほっとしたのを覚えています。そして、オンドルも初めて経験しました。留学生寮はとても寒かったので、暖かくてありがたかったです。が、じきに熱くなって、眠れなくなってしまいました。

友人のお父さんは、旧満州の時代に日本の教育を受けました。「朝鮮語を使ったら日本人にたたかれた」と。

それまでそんな話は聞いたことがなかったので、ショックでした。でもお父さんは、私を責めようとして言ったのではなく、ただ子どものときの記憶を話してくれたのでした。話の中に、ところどころ日本語が混ざっていましたが、あれは意図的にではなく、無意識にそうなったのでしょうね。

私が失礼するとき、「留学生はお金がないだろうから」と、おこづかいまで持たせてくれたお父さん。泣きながら見送ってくれたお母さん。友人とは、残念ながら音信不通になってしまいましたが、今も温かい気持ちで迎えてくれた朝鮮族の人たちのことが忘れられません。

いつかまた、吉林を訪れたいです。ずいぶん変わっているだろうなあ。

2013年9月2日

## ◆韓国の「正統」中国料理◆

韓国で目にすることの多い「正統中国料理」の看板。時々うちの玄関に置かれる中華屋の出前メニューにも、「正統中国料理」と書かれています。

ソウルに引っ越す前、何度か韓国に来たことはありました。が、旅行だったので、韓国でわざわざ中華料理を食べようという発想はありませんでした。でも、暮らすとなると、和食はもちろん中華や洋食も食べたくなります。「正統」中華と書いてあるし、韓国は中国と近いし、きっと日本で食べるより本格的な中華が食べられるんだろうな、と期待していました。

ところが……日本化した中華よりもっと、韓国の中華は本場のものとはかけ離れていました。何度か食べての結論は、「中華ではなく、韓国料理」。「正統」というのは、「本場」に近いということではなく、「正統な韓国的中華」なんだ、と。

もちろん、本場に近い味の料理を出す店もあります。うちの近所にわりと新しくできた店も、そうでした。最初に行ったとき、「本場のに近いなあ。ここならおいしい中華が食べられる!」と喜んだのです。

が、先日行ったときは、メニューも変わり、「正統」中華に味も変わっていました。最初に行ったとき、お客さんはまばら。でもこの間行ったときは、にぎわっていました。どちらも同じく週末でしたが。韓国的中華路線に変更したからなんでしょうか？　私には、正直おいしくないのですが、韓国の人にとっては、この韓国的中華が、やはり口に合うんでしょうか⁉　もっとも日本の中華だって、中国人に言わせれば、「あれは中華じゃなくて、和食」なのでしょうが。

それでも本場の味に近い中華を食べたい私たちは、ソウル在住の中国人が紹介してくれた、景福《キョンボッ》宮《クン》近くにある火鍋屋に行きました。久々に嗅いだ、山椒のにおい。韓国の中華屋で山椒のにおいがするなんて、あまりないような気がします。山椒は大好きなので、うれしかったです。この店では、たれなども、まあまあの味のものが出てきました。

韓国で何度か中華を食べ、食材の違いで感じたことがいくつかあります。といっても、中華自体様々な系統があるので、ここでいうのは広東料理や上海料理より、北の中華です。八角、山椒はあまり使われない。黒酢もあまり使われない。だから、酸っぱくない。そして、香菜（コリアンダー）は、頼まないと出てこないです。これは、タイ料理やベトナム料理店でもそうです。香菜の代わりに、刻みネギが出てくることも。店の人にたずねたら、韓国人は香菜を嫌う人が少なくないからだそうです。そういえば、日本人も、香菜が苦手な人、いますよね。くせがありますから。私は香菜が好きで、これがないと中華や東南アジア料理は食べた気がしないので、韓国でも店員さんに頼んで、香菜を出してもらいます。ただ、気のせいかあまり香菜の味がしないのです。実は別の野菜？　それにしても、なぜ本場の中華が普及しないのでしょう？　いくら口に合わないと言っても、こんなに中国と近いのに……。でももしかしたら、近すぎるがゆえに、本格的な中華が却って浸透しないのかも、と思ったりもします。本格的な中華が広まったら、ここは中国になってしまいますから。おいしい中華を、心ゆくまで食べたいです。

２０１３年11月20日

## ◆金薫（キム・フン）著『南漢山城』＆歴史小説を原書で読む方法◆

最近、金薫《キムフン》著『南漢山城《ナムハンサンソン》』を読みました。

金薫の書いた他の作品は、日本でも『孤将』というタイトルで出版されています（蓮池薫訳）。『南漢山城』を読んだきっかけは、韓国人に強くすすめられたことです。最初は、「ぜひ南漢山城を紹介したい。一緒に行きましょう」と誘われたのですが、行く前に『南漢山城』を読んでください、と言われました。韓国の本は、エッセイや短編小説は読んだことがあるのですが、長編はなかなかトライできず、一冊も読んだことがありませんでした。今回、南漢山城行きたさに読み始めたのですが、４００ページ近い歴史小説を、約２週間で何とか最後まで読みました。今まで読んだ韓国の本は、ほとんどが女性作家の作品で、男性作家の小説は初めてです。初めて読んだ長編小説ということでも、自分にとって記念の本になりました。

実は、知人におしえてもらうまで、私は南漢山城の存在すら知りませんでした。以下、ウィキペディアに書いてあったことをもとに、小説の背景となった南漢山城での歴史的な出来事などについて、紹介したいと思います。

南漢山城は、京畿道広州《クワンジュ》市、河南《ハナム》市、城南《ソンナム》市に広がる南漢山《ナムハンサン》にある山城です。丙子胡乱《ピョンジャホラン》（1636～1637年）の際、仁祖《インジョ》（在位1623～1649年）が入城して清と対抗した場所であり、小説はこの事件を元に書かれています。

丙子胡乱について、ここで少しご説明します。

1636年、後金のホンタイジは皇帝に即位し、国号を清と改め、朝鮮に対し臣従するよう要求。しかし仁祖は拒絶します。清は朝鮮に謝罪しなければ攻撃すると脅しましたが、朝鮮は黙殺。これに激怒したホンタイジは、朝鮮侵攻を決意。仁祖は、江華島《カンファド》に逃れて抗戦する予定でしたが、清軍の進撃速度があまりにも速くて間に合わず、将兵と共に南漢山城にこもります。ところが城を包囲され、40日余りの籠城の末降伏、和議が結ばれました（三田渡《サムジョンド》の盟約）。1637年1月30日、仁祖は漢江《ハンガン》南岸の三田渡にある清軍陣営に出向き、清への降伏の礼を強制されました。

降伏の礼は、受降壇の最上段に座るホンタイジに向かって、最下段から仁祖が臣下の礼を行い許しを乞うという、大変屈辱的なものでした――。

歴史小説だし、難しい言葉が多くて、正直とても簡単には読めず、理解度は多分50～60％くらいだったと思います。。すすめてくれた韓国人は、「簡単だからすぐ読めますよ」と言っていましたが。それでも最後まで読めたのは、やはり面白かったからです。読ませてしまう作家の筆の力、というものを感じました。

読んで何よりも強く感じたのは、朝鮮半島の中国との関係です。韓国の時代劇を見ていても感じていたのですが、「中国が攻めてくる」と言ったり、中国の顔色を窺ったりすることが、本当に多いですよね。大国に挟まれた場所に国が位置することの大変さ――。

民族大移動はできても、国の位置自体を動かすことはできないですからね。韓国に住んでいても思うのですが、この国の地理的位置というのは、いろいろな意味で、本当に重要なんだなあと。島国の日本にずっと住み続けていると、この感覚というのはちょっと理解しづらいですね。

最近、韓国が日本を邪険にして中国とばかり仲がいいなどとあれこれ言う日本人がいるけど、これはこの国が生き残る手段として、たとえ気が進まなくてもしなければならないことなのでは、と思います。でないと国がつぶれちゃう、という恐ろしさが、歴史的に刷り込まれている。日本人も、この国の位置という事情を考慮して朝鮮半島を見るようになったら、少しはよい方向にいくのでは、と思うのですが。

ところで、タイトルに書いた「歴史小説を原書で読む方法」ですが……背景になる出来事や人物、舞台について、日本語で検索し頭に入れた上で読むと、理解度50～60％ぐらいでも、私のように何とか最後まで読めます。

中国語の原書を読んでいたときの自分なりの目安は、「あらすじが追えるかどうか」。あらすじが大体わかれば、詳細はわからなくても気にせず読み進めればいいです。完璧主義の人には向かない読み方ですが、読まないと読めるようになりません。逆に、読み続ければ読めるようになるものです。訳本があれば、日本語訳を読んだ上で原書を読めばいいのですが、韓国の本は、日本語訳があまりありません。それに、もし原文がわかるなら、できるだけ原文で読んだほうが楽しいです。

韓国語は私の専門ではないけれど、韓国の本を読むようになり、いい文章に出会ってから、韓国語を味わうことの楽しさを覚えました。ぜひ、より多くの日本人に韓国の本を読んでもらいたいです。韓国の時代劇も、最初に日本語で時代背景などを下調べすれば、字幕なしでも何とか楽しめますよ。こちらは、聴解力向上につながりますね。

肝心の南漢山城行ですが、本をすすめてくれた人は超多忙で、もう言ったことを忘れているかも……。でも、「三田渡の盟約」が結ばれた所は、調べたらロッテワールドのすぐ近くのようなので、行ってみようと思います。碑があるようです（南漢山城行は実現、155ページで紹介）。

2013年11月14日

## ◆ロッテワールドのそばにひっそりとたたずむ三田渡碑《サムジョンドビ》◆

金薫《キムフン》の歴史小説『南漢山城』の素材ともなった、1636~1637年の丙子胡乱。清に攻められ、南漢山城に籠城していた仁祖が降伏、屈辱的な礼を強制された場所にある碑に、先日行ってきました。

蚕室《チャムシル》駅から少し歩くと、石村湖《ソクチョンホ》という湖があります。湖というよりは、池のちょっと大きいのって感じですけど。その湖のほとりにひっそりとたたずむ三田渡碑《サムジョンドビ》。碑について、そばにあった説明文をもとにちょっと紹介します。

……この碑は、丙子胡乱で勝利した清の太宗の要求で建てられた石碑である。正式名称は「大清皇帝功徳碑」だが、1963年の文化財指定当時、地名にちなみ三田渡碑とされた。石碑前面は満州文字とモンゴル文字で、裏面は漢字で刻まれた。17世紀の言語資料としても重要なものである。

碑に書かれた内容は、朝鮮が清に降伏した経緯と、清の太宗の侵略行為を功徳として賛美したものである。日清戦争以降、清の勢力が弱体化し、1895年、碑は川に沈められた。日本の植民地時代の1913年に再び建てられたが、1956年にまた埋められた。1963年、洪水により再び姿を現したとき、建て直された。……

そして、漢江一帯の開発の関係などで別の場所にあった碑は、考証を経て、2010年に元の位置である今の場所に移されたのだそうです。それにしても、「功徳碑」って。立場が違うと、言葉ってこうも変わっちゃうものなんですね。満州文字とかモンゴル文字とか説明文に書いてありますが、実際に碑を見てみると、字なんて摩耗してしまったのか、見当たりません。ただの石です。埋められたり掘り出されたり、紆余曲折を経てきたのですね。

この一帯は、港だったようです。湖周辺は、今公園になっているのですが、園内に昔の写真がありました。すぐ近くはロッテワールドです。碑を見に行ったら、「ワーッ、キャーッ」という叫び声が聞こえてきました。ボロい碑と娯楽施設。ずいぶんギャップを感じましたが……まあ、今は平和ってことですかね。

湖の周りには、ウォーキングする人がたくさんいました。紅葉もきれいだったし、私もつられて一周してしまいました。

みなさんも、ロッテワールドにでも行ったついでに、時間があったらちょっと寄ってみてくださいね。

2013年11月19日

## ◆韓国で人気　益田ミリの漫画◆

昨日の東亜日報。なんか見たことのある絵だなあ、と思ったら、益田ミリの漫画が韓国で売れているという記事でした。

韓国版が出されているのは、すーちゃんシリーズの4冊『すーちゃん』『結婚しなくていいですか。すーちゃんの明日』『どうしても嫌いな人　すーちゃんの決心』『すーちゃんの恋』と、『週末、森で』『ほしいものは　なんですか?』の計6冊。昨2012年12月、今年7月に出版後、10万部が売れたそうです。

ある調査によると、買った人の86％は女性。特に、独身女性に人気があるらしいです。韓国の読者は、すーちゃんを友達のように思っているみたいです。記事には、「（まるですーちゃんから）百回ハグされた気分」という類の女性たちの感想が書かれていました。

記事によれば、人気の秘密のひとつは「共感」。もうひとつは、韓国語では「……？」という疑問形のタイトル。『すーちゃん』の韓国語版のタイトルは、直訳すると、『今のままで大丈夫？』となっていて、『結婚しなくて……』『ほしいものは……』も「？」が使われているので、韓国語版は、6冊中3冊が、この疑問形です。30代女性の悩みを「？」で表した点が、本を手にとってもらうきっかけになったのでは、という韓国紙の分析です。

記事を見て、早速本屋に買いに行ってしまいました。『ほしいものは……』だけなかったんですが、後の5冊を購入。

韓国では、エッセイ、小説、旅行紀行文、歴史書、美術館の図録、絵本などなどいろいろな本を買いました。が、考えてみると、漫画を買うのは初めてです。読んでみると、なかなか面白いですね。楽しみながら、韓国語の勉強にもなります。漫画に出てくる文は、ほとんどが会話ですから、他のジャンルよりも会話文の勉強になります。外国人が弱いオノマトペや感情を表す豊かな表現も、新聞記事などより多いですし。ちょっとはまってしまうかもしれません。

ところで、益田ミリさんといえば、私は朝日新聞の『オトナになった女子たちへ』に時々書かれている文章が好きです。特に印象に残っているのが、今年4月21日の『ステキな帰り道』。短大卒業後、しばらく会社員をしていたときに、仕事の後よく同僚たちと寄り道をしていた話が出ていました。その後何年も経ち、その楽しかった日々がより鮮明に思い出されるのは、寄り道メンバーの誰かが亡くなったという知らせが届いたとき。まだ若い、大好きだった女の先輩の訃報は、今でも信じたくないと。そして、最後の文章に共感しました。

大人になると死が身近になる。打ち合わせ後の「寄り道」の時間さえ、急に貴いものに思え、ふいに歩道橋の上からの夕日に立ち止まるのである。

私も若いときは気づかなかったけど、50代になり、同じことを感じるようになりました。なんでもない、空と木の風景をふと見上げただけで、とてもいとおしくなることがあります。生きているとイヤなことも正直少なくないけど、目に入る何気ない風景、日常の一コマを、大切にしていきたいですね。

２０１３年9月3日

### ◆韓国で「共感漫画」益田ミリ◆

２０１３年末、益田ミリの漫画３冊の韓国語版が出版されました。

『泣き虫チエ子さん1』『泣き虫チエ子さん2』『夜空の下で』の３冊です。すーちゃんシリーズなど、今まで出版されたものと合わせ、益田ミリの漫画の韓国語版は、全部で9冊。韓国の、特に若い女性に人気です。

２０１３年12月26日のハンギョレに、益田ミリの漫画についての紹介記事が載りました。見出しの一部には、ミリ「共感漫画」。筆者の漫画コラムニスト氏の文には、すーちゃんやチエ子さんへの愛情がこもっていました。まるで自分の大事な友だちを紹介するかのように。いまや韓国では、「益田ミリ」という作家名だけで本が売れるくらい信用を得ているとも。

政治的には暗い日韓ですが、こういう漫画への熱い記事を読むと、文化や人の気持ちには国境がないんだなあ、とつくづく思います。ちょっと救われますね。

韓国で出版された9冊、私も買いました！　教保文庫《キョボムンゴ》のレジでは、若い男性が益田ミリの漫画を大事そうに抱え、並んでいたのをしっかり目撃してしまいましたよ。読者は女性が圧倒的に多いそうですが、韓国の男性にも共感できる部分があるのかもしれませんね。もしかして、彼女へのプレゼントだったかも？　でも、この男性、本当にうれしそうにレジで順番待っていたんですよねえ。

実は私、日本語で読んだことがないんです。益田ミリの新聞のコラムは好きで読んでいるのですが、漫画は読んだことがなくて。韓国紙にときどき紹介されているので、気になって買いました。韓国で日本の情報（特に新聞の文化面）を得る、ということはたまにあります。それだけ日本の情報が多いといえます。帰国したら、日本語のも買って、韓国語版と読み比べてみたいです。楽しみ。

２０１４年１月15日

＊おまけ

後に、読者の方から、コメントやメールで感想をいただきました。いずれも、韓国ですーちゃんが受け入れられることを、最初は意外に思った、というものでした。とても日本的で、韓国の女性のライフスタイルには合わないんじゃないか、と思うからと。でも、受け入れられていることを知り、うれしいし、人って国境を越え、案外共通しているものなんですね、と。こういう感想をいただくと、紹介してよかった、と私もとてもうれしくなります。

2014年8月21日

## ◆韓国流　隣国とのつきあい方◆

今回は、旅行で来ていたときは気づかなかったけれど、韓国に暮らしていて感じたことを書きたいと思います。もちろんたくさんあるのですが、特に強く感じた2つについてです。

ひとつは、韓国の地理的位置。

9年前、半島南部を西から東へ旅したとき、李舜臣《イスンシン》の銅像が日本に向かって立っているのを何度か見たのが、大変印象的でした。韓国から日本はどう見えるのか。日本から見ただけではわかりませんから、これは、自分の韓国への見方が変わるきっかけとなりました。そして、この3年間の生活を通じ感じたのは、中国との距離の近さです。旅行で来ていたとき、「韓国にとって中国とは？」

について考えることはほとんどありませんでしたが、生活していて、いろいろと考えさせられました。

自分の感じた範囲でいうと、韓国は、中国大好き！という人は、あまり多くないのではないかと思います。日本には、中国嫌いがいる一方で、一定数の中国好きがいます。関連書籍も多いです。でも、韓国はそうじゃないなあ、と。もちろん、中国語の教材はいっぱい売られているし、中国語学習者も多いです。今は日本語より中国語、です。それは中国が好きだから、興味があるから勉強するのか、というと、どうもそんな感じがしません。中国とのビジネスも盛んだし、韓国に来る中国人観光客も多い。仕事になるから、お金になるから、必要に迫られて、生き残るため……なんですよね、どちらかというと。中国語教材だって、歴史や文化、文学などに親しみましょう、というよりは、とにかくビジネス！　ＨＳＫ合格！

韓国人と会うたびに、韓国を訪れる中国人観光客の話題になります。

「声が大きくてうるさい」

「マナーが悪い」

などなど、どちらかというと、迷惑とか、いやだ、という否定的な話が多い。でも不思議なのは、「だからもう来るな」とは言わないんですよね。心の中では、あまり来てほしくないと思っているのかもしれないけど、来てくれるおかげで、経済的にも潤うから、なんでしょうかね。

先日、旧正月のとき沖縄を訪れた韓国人の話が、韓国の新聞に載っていました。それによると、沖縄では、韓国人より中国人観光客がずっと多かった、と。

「今は、済州島《チェジュド》に多くの中国人が来ているが、このままだといつか沖縄に中国人客を奪われるんじゃないか？」と心配する内容でした。好きとか嫌いという感情と、ビジネスは分けて考えるのかな。結構現実的なんですね。韓国はずっとこうやって、中国と付き合ってきたのかな、とふと思いました。

もうひとつは、これは何度か触れていることですが、日本の社会や文化に関する情報が、非常に多いことです。韓国をイメージだけでとらえている日本人の中には、政治的に何か起きると、半島全体が反日一色になる、と思っている人もいるようです。仕方ない面もありますよね、日本の韓国情報って、韓流でなければ、そういう内容ばっかりですから。でも暮らしていると、本当にそんなことはありません。どんなに政治的に仲が悪くなっても、日本の書籍が韓国の本屋から撤去される、なんてこともないですし。私なんかより、韓国人のほうがずっと、日本のドラマ、映画、小説、アニメについて、詳しいです。韓国人と会うと、韓国人は日本の好きな作家や作品についてうれしそうに話し、私は韓国で気に入ったエッセイや小説などの話をするということが多いです。日本のスポーツ選手に関する話題も多いですね。スポーツといえば、十数年前、日本の専門学校で日本語を教えていたとき、ある韓国人留学生が、「歴史的にいろいろあるけれど、同じアジア人として、世界で活躍する日本のスポーツ選手を、韓国人は応援しているんだ」と言っていたのを、韓国紙のスポーツ欄に日本人選手が載るのを見るたび、思い出します。

政治外交的にうまくいくのがベストですが、たとえそれがぎくしゃくしても、人と人のつながりはゆるぎないものであってほしい、と切に願います。

2014年2月24日

## つなぐ言葉　つなぐ人

◆日韓をつなぐ　心の支えになる言葉と人◆

今までも触れてきたように、韓国語を勉強することによって得た大きな財産は、すばらしい人や本、言葉との出会い。私を内部から支えてくれている、そう感じます。

今回は、その中でも、日韓をつなぐためには、と考えるときに支えとなっている言葉や人の話です。すでに記事にも書いたことのある中から厳選（！）し、改めて取り上げたいと思います。

「일방적《イルバンジョク》 시각에서《シガゲソ》 쌍방적《サンバンジョク》 시각으로《シガグロ》」

（一方（向）的な視角から双方（向）的視角へ）

兪弘濬《ユホンジュン》著『私の文化遺産踏査記』シリーズの『日本編（1）九州』『日本編（2）飛鳥・奈良』の前書きにある見出しに書かれた言葉です。日韓について考えるとき、とても大事な視点なのに、お互い感情に走って忘れがち。イヤなニュースが流れるたび、この言葉を思い出すようにしています。九州編はまだあと半分読んでないのですが、飛鳥・奈良編は読みました。今、九州編と並行し、新しく出た京都編を読んでいます。前書きの精神は、本文にも随所に表れています。今ちょっとバタバタしているので、すぐにはできないけど、落ち着いたら、その話も記事にしたいなあと思っています。

次にご紹介するのは、昨秋、ソウル・芸術の殿堂で開かれた薩摩焼沈壽官《ちんじゅかん》（韓国語読みではシムスグヮン）家陶芸展での15代沈壽官のあいさつの言葉です。とても印象的だったので、一部を、図録にあった日本語の文より引用します。

薩摩焼は韓国にそのルーツを持ちます。
従って韓国は薩摩焼の父祖の地であります。
と同時に、日本は李朝陶芸の種子を薩摩焼として育んだ母の地でもあります。
すなわち薩摩焼はこの二つの国の存在無しに語ることはできません。

やはり、私が励みにしている言葉です。
実は、お二人とは幸運にもお目にかかることができました。ミーハーではないし、有名人と会ったことをフェイスブックなどで自慢するのは好きではありません。書き方によっては、相手に思わぬところで迷惑をかけてしまいます。でも、お会いしたことを書いたのは、お二人とも、本当にこの言葉通りの方だったことを言いたかったからです。

どちらも長い言葉ではありませんが、非常に奥が深い。それは、言葉の奥に、苦労や努力や想いなど、様々なものが込められているからだと思います。

今は、ここまでしか書きませんが、いずれもっと魅力を紹介できたら、と思います。そのためには、自分ももっとがんばらなければ。

さて、最後は誰でしょう？

亡くなった方ですが、今でも大きな影響を与えている、やはり、浅川巧（１８９１〜１９３１年）ですね。巧の兄で、生涯を朝鮮陶磁史の研究に捧げた伯教（１８８４〜１９６４年）は、１９１３年朝鮮半島へ渡ります。弟の巧は、兄を慕って１９１４年朝鮮半島に渡り、林業技師として荒廃した山々の緑化に奔走、そのかたわら朝鮮工芸を愛し、研究しました（参考＝山梨県北杜市ホームページ）。

病に倒れ、40歳で亡くなった巧は、朝鮮人共同墓地に朝鮮式に埋葬され、１９４２年、ソウル郊外の忘憂里《マンウリ》に移されました。

ソウル滞在中、どうしても訪れたかった場所のひとつが、この巧のお墓でした。念願叶い、２度行くことができました。巧の墓前で手を合わせられたことは、私にとって大きな出来事でした。故郷・山梨にある資料館にも、ぜひ行きたいと思っています。

２年前、ソウルの映画館で行われた浅川巧が主人公の『白磁の人』の試写会に行きました。韓国人がたくさん来ていたのですが、劇場にいた彼らの反応は、日本人の観客とは異なるものでした。なんか冷たい雰囲気で……終わってから、「まあ、ねらいは悪くないけどねえ〜」と、若い女性が、いかにも不満そうな大きな声で言うのを聞き、正直悲しかった。これだけずれがあるんだなあ、と、これが現実なんだなあ、と。もちろん、他の感想を持った人もいるのかもしれないですが、まだまだ乗り越えなければならないことがいっぱいあるな、と感じました。

それでも、浅川巧の生きた時代より、私たちは条件的にずっと恵まれています。あんな大変な時代に努力をした巧の精神を、無駄にしてはいけない、そう思います。

２０１４年８月22日

# あとがき

3年間の韓国生活を終え、2014年3月末に帰国してから、1年になりました。

このたび、韓国滞在中に書いたブログ記事を中心に、帰国後書いたものも合わせ、それをもとに本にしました。ブログと違い日付が前後しますが、分野ごとにまとめることを中心に仕上げました。ブログにはないイラストも入れました。本ならではの良さを、ぜひ味わってください。

韓国は、お店がコロコロ変わり、もとは何のお店だったかわからなくなることが少なくない、ということからもわかるように、変化の激しい国です。韓国の動物園にパンダが来たり、紹介したお店が別の場所に移ったりするということもあるかもしれません。それも韓国だと思って、この本を楽しんでいただければ幸いです。なお、文中で韓国のウォンを日本円に換算したものも、文を書いた当時の為替レートをもとにしていますので、ご参考までに。

最後に、私の気持ちを深く理解し励ましてくださった彩流社の編集者・出口綾子さん、身内や友人、そしてブログ読者の方たちに、深く感謝いたします。

２０１５年３月

中野 葉子

## 中野葉子（なかの・ようこ）

1962生まれ。千葉県出身。大阪市在住。2011年春から３年間、家族の転勤に伴いソウルで生活。延世大韓国語学堂で韓国語を学ぶ。滞在中、ソウルの散策や地方旅行、美術館・博物館めぐりを楽しむ。陶磁器、刺繍などの韓国伝統工芸品の魅力にはまる。韓国暮らしで驚いたことや気づいたことを、ブログ「もっともっと韓国」（http://yokorea.blog.fc2.com/）に連載。ブログは、2014年春に帰国後も、日本の中の朝鮮半島などについて継続中。

埼玉大学教養学部で中国文化専攻。1985年卒業後、北京に１年間語学留学。これまで、大阪府内の外国語専門学校、府立高校、定時制高校、夜間中学で講師として日本語教育、社会科などを担当。韓国人、中国人生徒とも接する。

本書のイラストはすべて筆者。



## 不思議《ふしぎ》がいっぱい　韓国《かんこく》

2015年3月31日　初版第一刷

著　者　中野葉子 ©2015
発行者　竹内淳夫
発行所　株式会社 彩流社
〒102-0071 東京都千代田区富士見2-2-2
電話　03-3234-5931
FAX　03-3234-5932
http://www.sairyusha.co.jp/

編　集　出口綾子
装　丁　仁川範子
印　刷　明和印刷株式会社
製　本　株式会社難波製本

Printed in Japan　ISBN978-4-7791-2059-6 C0026
定価はカバーに表示してあります。乱丁・落丁本はお取り替えいたします。